作者简介

拉斯洛·松鲍法维1927年出生在布达佩斯。他青少年时期经历了第二次世界大战，1945年"二战"结束的前几个月他从高中毕业。三年后他从一所法律学校毕业。那时共产主义思想的影响力在匈牙利甚至超过了正规教育，在匈牙利为数不多的值得留恋的非政治性专业就是"艺术"。魔术是他的业余爱好，因此他取得了国家演艺学院的学位，成为了一名魔术师。

1956年匈牙利事件后，他逃离匈牙利，前往瑞典成为难民。他在瑞典的第一年从事过各种工作，主要在印刷车间，同时也表演魔术。他在一家商学院学习企业融资方面的函授课程，并在位于斯德哥尔摩的瑞典壳牌公司的财务部门工作了12年。1971年他开始以一个金融分析师的身份自谋生路。

通过作为股票分析师与瑞典领先商业杂志《商业周刊》的长期合作，出任阿尔弗雷德·伯格股票经纪公司的合伙人，以及他对风险分析和风险控制的系统方法论，松鲍法维逐渐成为一个众所周知、在瑞典股票市场备受尊重的名字。

1987年松鲍法维离开股票市场，从活跃的商业圈退休了。从那以后他开始关注经济分析和金融分析之外的问题。近年来，松鲍法维专注于用风险导向的方法来识别和分析人类当前面临的最重大问题。

这是他的第一本书。按照最初的计划，本书的内容会作为最后一章出现在一本内容广泛、关于道德决策的书内，但现在它独立成为一本书。那本关于道德决策的书《情感与理智》已于2010年以瑞典语出版发行。

《人类风险与全球治理：我们时代面临的最大挑战可能的解决方案》最初由瑞典语写成，现已翻译为中文、英文、法文、德文和西班牙文。

在本书中松鲍法维致力于讨论为应对当代最大挑战而建立全球法治体系的紧迫性，以及利用风险评估帮助识别和量化全球风险等问题。

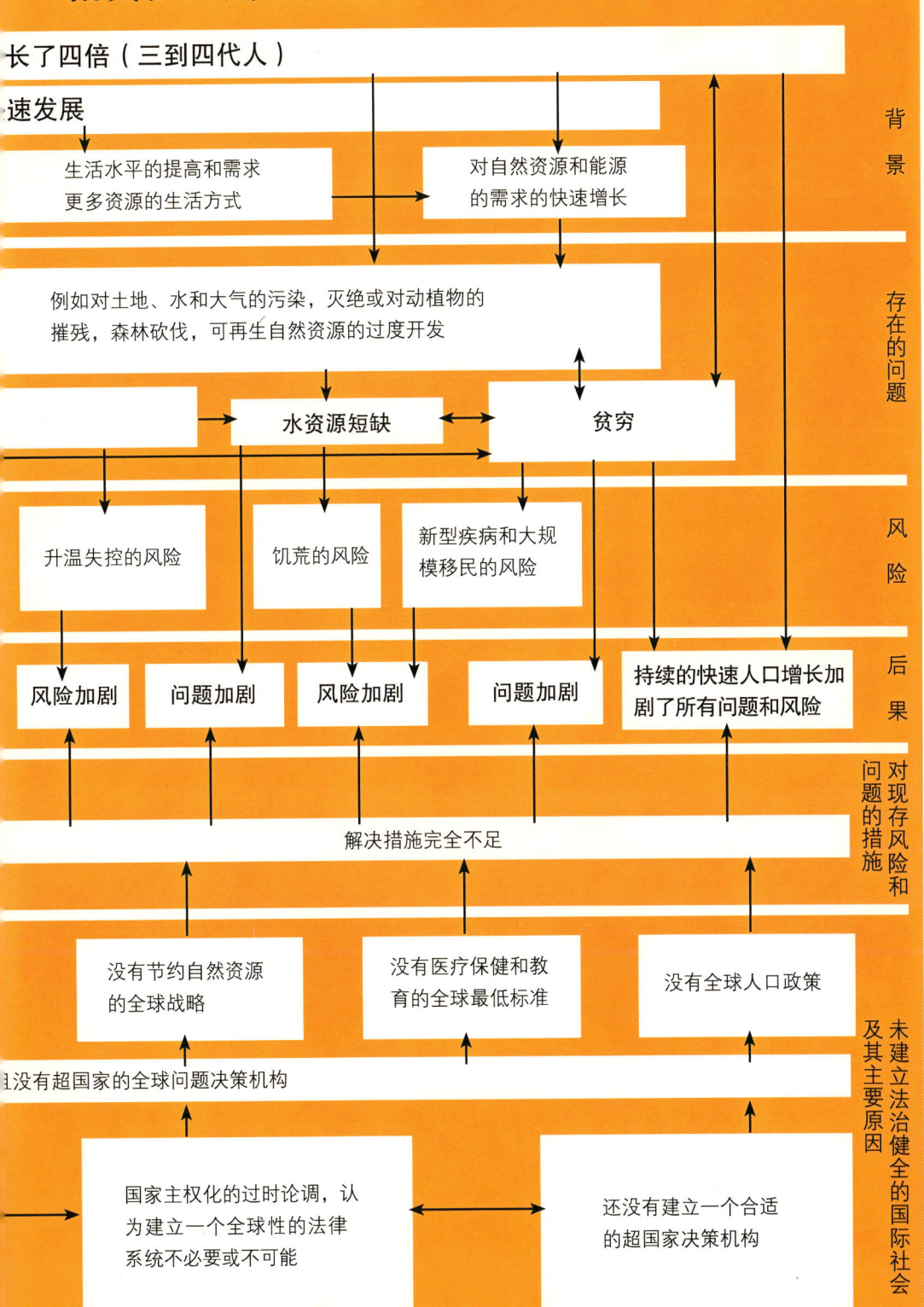

人类风险与全球治理

我们时代面临的最大挑战可能的解决方案

〔瑞典〕拉斯洛·松鲍法维（László Szombatfalvy）著

英文翻译 周亚敏
专家审校 潘家华
瑞典文审校 黄淼
翻译协助 刘哲 王谋 丁丁
项目（统筹）联络人 丹尼斯·帕姆林

中央编译出版社
CCTP　Central Compilation & Translation Press

目　录

CONTENTS

- 002　中文版序
- 004　前　言
- 006　作者前言
- 008　致　谢

- 009　1. 史无前例但高风险的发展
- 014　2. 四大超级问题
- 036　3. 被遗忘的风险评估
- 063　4. 三种无形的解释性因素
- 074　5. 困难但必要的措施
- 088　6. 全球法治——迟早的事
- 097　7. 结束语

图　表
- 032　穷国和富国之间无法容忍的差距
- 072　新国际社会面临的最大问题和风险——相关性及原因
- 100　2000多年来人口的发展
- 102　几乎70%的世界人口集中在11个国家和欧盟
- 103　世界上195个（主权）国家和地区的简短事实

中文版序

21世纪初的世界面临着前所未有的挑战，但也存在巨大的机会。经济一体化和技术进步给人类带来了显著的福利，但不可再生资源的消耗、温室气体的排放、全球范围内不公平的加剧、潜在的地缘政治冲突也带来了显著的挑战。

很显然，世界需要新的发展路径，一条能够以资源节约的方式提供人类所需要和所希望的资源的路径，同时能使地球上90亿—100亿的人口和平共处。涉及资源使用方式时，西方世界所经历的发展路径不再有效，全球迫切需要新的前进道路。

中国在极具挑战的时代再度崛起成为世界经济的领头羊之一。世界如何定义、分析和解决全球挑战成为尤为重要的问题。

当今世界的国际格局很大程度上是建立在第二次世界大战的经验基础上的。今天大多数机构的格局和重心是为了面对19世纪和20世纪早期的挑战。虽然这些安排与目前的问题有相关性，但新的挑战和机会正浮现出来。

为了迎接21世纪的挑战和机遇，我们需要的不仅仅是国际合作，我们更需要全球协作。人类历史上第一次出现了一些必须在问题浮现之前发现并解决的挑战，例如气候变化。

中国如何通过和平发展参与到全球法治结构的创建中，是

中文版序

中国许多学者苦苦思索的问题，也是其他国家的重要思想家所考虑的问题。

拉斯洛·松鲍法维的这本书非常有意思，因为在相当长的时间里从事市场分析的他将注意力转向了我们时代最大的挑战。松鲍法维评估企业的方法给他带来了巨大的财富，运用同样的科学方法他详解了我们时代最大的挑战。

本书强调了两个方面：首先，当今世界并没有形成评估全球挑战的统一方法；第二，没有有效的全球法治结构能够应对当前的挑战。这些重要的观察发现以及具体的建议应该在全世界范围内引起更多的关注。

中国在和平发展、科技兴国以及循环经济等方面都与本书的主要观点不谋而合，这是非常鼓舞人心的。

全球风险评估以及启动有效的全球法治体系迫在眉睫，本书为之提供了灵感和指导。

潘家华 教授

2012年9月于北京

"人类风险与全球治理"与中国的循环经济、科学发展与和平发展理念高度相关。

本书认为人类自身的数量和技术进步目前已经成为生态系统平衡的威胁。由于生态系统的独一性和不可逆性，因此在处理与环境有关的问题时必须高度谨慎。中国目前处于高速经济增长期和快速城镇化时期，面临许多挑战。中国必须通过资源的高效和循环利用，实现污染的低排放甚至零排放，实现经济、社会与环境的可持续发展，这也是中国作为一个负责任的大国所必须做出的表率。

中国作为世界上人口最多的国家，在快速的经济发展过程中要综合考虑科学发展。中国坚持科学发展，要以人为本，实现人与自然的协调发展。本书中所提及的臭氧层空洞、粮食短缺、淡水短缺、贫富差距扩大等问题都是中国目前部分地区、部分人口所面临的实际问题。本书将这些问题可能带来的毁灭性风险进行评估，为促进中国提高对科学发展的重视程度提供了新视角。

本书认为世界范围内的政治暴力也是我们时代所面临的最大挑战之一。中国多次向世界宣示，中国始终不渝走和平发展道路，在坚持自己和平发展的同时，致力于维护世界和平，积极促进各国共同发展繁荣。从更宽广的世界历史视野看，和平发展道路归结起来就是：既通过维护世界和平发展自己，又通过自身发展维护世界和平；在强调依靠自身力量和改革创新实现发展的同时，坚持对外开放，学习借鉴别国长处；顺应经济全球化发展潮流，寻求与各国互利共赢和共同发展；同国际社会一道努力，推动建设持久和平、共同繁荣的和谐世界。

前　言

　　大约30年前的某天我的电话响了。我当时在红十字会工作，给我打电话的人是拉斯洛·松鲍法维。当他告诉我他的计划时，你无法想象我吃惊的程度。

　　"我想资助拍摄一部电影，能唤醒对核武器的反对观点，还能促进建立一个新的世界秩序，"他解释说，"它将是一个高品质的专题片，并在世界各地的影院播放。成本不是问题。目的比任何其他事情都重要。"

　　当时正是勃列日涅夫掌权克里姆林宫和罗纳德·里根掌权白宫的时代。今天的年轻人也许很难想象那个历史阶段。核战争的威胁像乌云一样笼罩着全世界，就如同今天的气候变化威胁着全球一样。拉斯洛认为我作为红十字会的负责人，能够施展神通说服导演，说服英格玛·伯格曼这样的人物来拍摄这部电影。我的确做了尝试，但没有成功。这个想法没能够实现，最终米·戈尔巴乔夫和罗纳德·里根在日内瓦举行会谈，核战争的威胁暂时得到了缓解。

　　多年以后，拉斯洛又联系我了。同样，又是世界所面临的重大问题。我们见面后就世界人口、贫穷、环境破坏、气候变化威胁等问题谈论了数小时。从那以后我们多次见面。我们逐渐了解了对方，并且一致深信世界的发展方式必须改变。在全球政治中占主导地位的那种增长方式会逐步破坏生态系统，导致气候更加不稳定。结果不外乎是经济体系的崩溃。

拉斯洛写的这本书关乎人类的命运。他非常严肃而且投入地写作该书。考虑到他的金融从业背景,我希望这本书可以影响到工商业以及政治界的众多读者。在金融领域工作的人能如此强烈地关注社会的黑暗面,真是挺不寻常的。

拉斯洛的书包含很多发人深思的论证和建议。他关于世界法治体系的看法——或者法治体系的缺失——正击中要害。很显然,世界体系如何运转必须根据当下的现实进行调整,而现在的治理是建立在"二战"后的世界基础上的。

但该书探讨的最重要的问题在意料之中,是气候问题。拉斯洛恰如其分地指出在公共讨论中缺失的风险评估。他将气候问题与其他领域进行比较,例如空中交通,认为当涉及气候问题时我们谨慎地回避讨论风险,这比我们所害怕的任何其他领域的风险要严重很多倍。这点自然是对当代人类的严重背叛,更是对子孙后代的背叛。

拉斯洛认为如果人们理解了面临的风险所在,他们采取措施的意愿会更强烈,对政策制定者施加的压力也会更大。这本书因此强烈呼吁气候讨论中的严肃性和诚实性。

我忠心地希望拉斯洛的书能触及大范围的读者,并有助于加强对关乎人类共同未来的重大问题的聚焦。拉斯洛提出的问题应该是我们讨论最多的问题。尽管如此,我们还是很难找到关于这些问题的公开辩论。拉斯洛的努力值得充分的尊重。他是哈拉尔·奥夫斯塔格言的优秀践行者,"每个人都应该认真对待严肃的事情"。

安德斯·威克曼

前欧洲议会议员

前联合国助理秘书长和联合国开发计划署政策主任

作者前言

2007年深秋的一场金融危机袭击了世界经济，并迅速带来了广泛而深刻的影响。接下来的一年中数家全球知名的大型商业银行倒闭。为了阻止国际支付体系的崩溃，大多数资本主义国家的政府均被迫将银行国有化，或者为其提供由税款资助的生存性贷款，其总量达到了历史上前所未有的水平。与此同时，世界中央银行采取了极不寻常的协调行动，大幅震荡式地降低关键利率。这导致许多国家的利率直降到略高于零的水平，破低利率的历史记录。金融危机很快地对真正的经济产生影响，一国接着另一国陷入了经济不景气中，并伴随着急剧上升的失业率。许多人声称世界经济面临着自1930年大萧条以来最严重的挑战。也有人将这次经济危机看做是过度强调创造股东价值和金融手段的一个时代的终结。最悲观的人认为这是消费社会即将消亡的前奏。

正如以上所述，时至今日经济危机对国际社会而言仍然是一个严峻的现实。然而，相对于世界面临的其他问题，经济危机问题处于相对温和的可控范围内，也更容易得到解决。

自从数年前离开股票市场后，我对经济学家和商业分析员领域之外的问题做了大量思考。在最近几年，我主要专注于识别和分析人类所面临的最大、最紧迫的问题。

我对这些问题挖掘得越深入，就越觉得困扰。国际社会面临着极大的挑战，前所未有。由于风险评估不充足或者缺乏，我们的风险被大大低估了。风险背后最重要的因素既不在政治议程中，也不在公共讨论的视线内。此外，没有一个政治性的世界组织能够理解、有权力或权威来解决这些问题。当涉及气候变化问题时，人类已经处在风险区内了。

　　因此，我将我的想法付梓出版。[①]为了鼓励更多的人分享我的信息，我限制了内容的长度。对那些没有时间读完整本书但又对该问题感兴趣的人，可以通过研读72页和73页的图表了解本书内容。该图表阐释了国际社会面临的最大问题和风险，以及其原因和内在影响。

　　我不是科学家，因此在相关的具体领域造诣不深。然而我希望我看待风险的方式和将普遍知识以框架展示的方法，能够使人们更深刻地理解，要避免发生真正大型灾难的风险以完全不可阻挡的方式增加，我们对彻底的、长期性措施的需要是多么的紧迫。

2010年6月于斯德哥尔摩

拉斯洛·松鲍法维

[①] 我想对我的朋友比约恩·弗兰宗致以最诚挚的感谢，他不仅对最初的瑞典语版本做了语言校对，对结构做了调整，还花费了数小时润色内容，使其更有可读性。

致谢

感谢潘家华教授对中文翻译的宝贵意见,周亚敏博士对全书的翻译工作,以及黄淼根据瑞典语原版进行校对以确保作者的意思得以准确表达。以下人员的参与保证了本书的质量:中国社会科学院城市发展与环境所的王谋博士、刘哲博士,以及作为外部经济专家的丁丁。丹尼斯·帕姆林是作者松鲍法维和翻译团队之间的联络人。

1. 史无前例但高风险的发展

> 我们必须遵从自己的良心，否则它会追逐我们。
>
> ——格奥尔格·沃尔夫

自1750年至今的250年中人类的发展历史是无与伦比的。工业化开始后，世界人口从8亿增加到68亿，已增加了8.5倍。目前世界人口的年增长率保持在1.2%，听起来挺适度的一个数字，但这意味着50年后将存在120亿—130亿人！

科学技术在人类历史中这一段极短的时期内以创纪录的速度发展着。工业化已彻底改变了社会和商业。我们可以说从卫生保健到通讯和信息传播的各个领域都发生了一场革命。不幸的是，该革命同样也适用于武器技术。今天，人类能够以之前无法想象的规模摧毁人类生命。

在人类历史这段极不平凡的时期，各国经济以一种高度不平衡的方式发展着。在居住着世界六分之一生活得最幸福人口的工业化国家，其人均国民生产总值（GNP）是人数总量相当、生活在最贫穷发展中国家的人口的80倍。

技术进步也意味着生活方式的大幅度改善，需要更多的资

■ 人类风险与全球治理 | The Greatest Challenges of Our Time

近几十年许多贫穷国家的经济增长表明,相当大数量的人已经改进了生活条件、教育、医疗和现代技术水平。(图片:Thomas Wester/Scanpix)

源，产生更多的废物，特别是在最富裕的国家里。这种变化与人口增加相结合，一方面导致对许多自然资源的过度使用，另一方面对环境造成了巨大的污染和损害。自然环境是这一时期的失败者。

世界上190多个主权国家和地区的人类生命和生活条件更加紧密地相互交织在一起。国家层面的决策和行为往往会影响到其他国家的居民甚至是全人类。国际社会越来越像是一个世界社会，虽然还不发达，也缺乏给予国家社会质量保障的规则和机构，例如司法安全、社会保障、普及教育和环境保护。

这种进步带来的一个重要后果是不同利益集团间的差异变得越来越大和常见，即使是地理相距遥远的国家间也是如此。另一个后果就是我们政治领袖的正确决策的意义变得更为重大，因为与过去相比，更多的国家和更多的人会受到这些决定的影响。

在过去的250年中人类在很多方面都取得了前所未有的成功，但同时也衍生出了许多严重的、难以解决的问题。在我看来最严重的问题有以下这些：

环境破坏是最大的潜在威胁，因为在最坏的情况下地球将或多或少地不适宜于人类居住。

有组织的政治暴力每年使数百万人受害，它可能导致超级灾难的威胁要早于最糟糕的环境灾难。越来越多的国家已经拥有瞬间可以摧毁大型城市乃至小型国家的核武器。有多少人会被生化武器消灭目前还是未知数。

贫穷并非对人类的直接威胁，但也致使许多人丧生，承受贫困苦难的人数远超于受其他几个超级问题影响的人数。地球上每三个人中就有一个生活在极度贫穷状态下。这不仅是富国道德沦丧的体现，也是世界社会中的一个不稳定因素，并且还增加了滋生新疾病的风险。

这三个超级问题——环境破坏、政治暴力和贫穷——以及随行的风险有许多共同之处。比如，它们之间相互有负面影响，因此很难单独应对某一个问题。另一个共性是它们都无法通过国家层面解决，而是必须通过多个国家或者所有国家的合作来解决。言外之意就是这些问题在可预见的未来没有任何能令人满意的解决方案。最后，它们会危害到当代人类和子孙后代基本的生活环境和条件，包括生物和文化层面的。

> 在每个人都拥有生活必需品之前我没有权利享受富足的生活。
>
> ——拉尔夫·卡斯汉姆

1. 史无前例但高风险的发展

由于气候变化,地球的沙漠地区扩大了。这是纳米比亚的部分沙漠。
(图片:Claes Grundsten/Scanpix)

2. 四大超级问题

> 如果你认为自己不必为解决世界面临的问题做任何事情，那么你也是问题的一部分。
>
> ——无名氏

今天几乎没有人会否定之前提到的问题都是十分严重的，并且难以有效解决。而关于问题的严重程度及其相关风险的观点却很不一致。我们在这一章中将进行略微深入的讨论。

从我们的观点来看，环境破坏可以定义为对地球生态系统产生影响的人类活动，且长期来看，其影响对人类利益的损害大于收益。

全球生态系统，也就是平时我们所说的自然界，是由一系列规模和复杂程度不同的物理系统、化学系统和生物系统构成的。系统的所有部分相互关联，像一部非常复杂的"机器"一样运转，其动力是太阳辐射和某些地球热能。人类也许是这部"机器"里最发达的零件。

人类——目前生态系统的威胁

尽管自然界的许多子系统恒处于变动和演化状态，生态系统依然被看做是非常稳定的。自然界可以调整自身以适应缓慢的变化，但快速的外部变化会对其造成严重的破坏。工业化之前，对生态系统能造成重大改变的往往是生命圈以外的力量，例如火山爆发、流星，或者是太空中的其他物体。然而，近些年的快速变化是由其他因素引起的，尤其是内部因素，即人类自身的影响。我们的数量如此之多，且技术上如此先进，以至于成为了对生态系统最大的威胁。

很不幸，人类利用、影响、伤害和破坏自然界的能力增速之快，远超过了我们对生态系统运行知识的掌握速度。例如，我们根本还没有完全掌握我们自身的运作情况。只要想想医学界许多悬而未决的难题就明白了。我们也不应该忘记，在获取关于人类的知识和关于独一无二的系统的知识——比如气候系统——之间存在着巨大的差异。

由于人类是由大量相类似的个体组成，人们可以抱着学习目的对个体进行实验——如数千年来研究人类的身体和心理——而不必将整个种族置于危险境地。但相同的研究并不能实施在独一无二的系统上。当然，大部分生态系统确实有自愈的能力，但对一个唯一的体系而言，不可能冒着产生巨大灾难的风险对其施加不可挽回的测试。我们应该明白，在面临环境破坏的问题时，我们人类就像一个正在玩火而不知道风险的小孩。

我们以不同方式向自然界这个机器中扔进许多沙子，尽管我们完全依赖于这部机器的有效运转。环境破坏有直接的和间接的。对自然界可再生资源的过度利用或者刻意侵占造成了直接破坏。人类活动无意识的、通常是不可预见的副作用造成了对环境的间接影响。

虽然气候变化是人类活动副作用的典型例子，但在此我们将其与其他环境破坏问题区别对待。主要原因是过去十年的气候变化已经成了最高级别的世界政治话题。因此在本书中，我们将讨论人类面临的四大超级问题，而不是三个问题。

环境破坏——一个巨大的不断生长的问题

环境破坏（不包括气候变化）逐渐成为一个巨大的不断生长的问题。人类过度利用自然可再生资源的例子是过度捕鱼和过度采用地下水。雨林的毁坏和湿地排水是对自然界有意破坏的两个例子。结果造成了自然资源的锐减（如鱼类种群贫化）；洁净的可饮用水的短缺带来了疾病；二氧化碳（CO_2）排放的增加；种群越来越少，生态系统的稳定性降低。

人类活动的副作用有些可预见，而有些是不可预见的。我们污染和毒化水体、土壤和空气导致的后果包括水资源质量的下降，某些动植物物种的减少或者灭绝，珊瑚礁被漂白或被破坏，我们呼吸的空气中充满着不健康的颗粒，大气中出现臭氧空洞，等等。

这仅仅是对当今由于环境破坏引发的问题的简短描述。我们不再深入挖掘具体的个体问题，但将简短地就重大问题和严峻的未来挑战作案例分析。

淡水短缺

这个问题涉及淡水资源。众所周知，淡水对人类而言至关

毁林开荒

短视的疯狂行为

世界森林组成了全球生态系统最强大最核心的部分。在史前时代，森林覆盖大约6000万平方公里，也就是地球陆地面积的40%。到19世纪中期，森林总覆盖面积减少了大约1000万平方公里。在过去的150年中，又一个1000万平方公里以惊人的加速度消失了。

工业化国家森林的缓慢增加和发展中国家大幅砍伐森林的净效果是全球森林的锐减。最严重的损害是热带雨林，21世纪初期据测量有1000万平方公里，但此后由于毁林开荒，每年以1%的速度减少。地球上的热带雨林目前主要在南美洲（55%）和非洲（23%）。

毁林开荒显然是由于经济收益造成的。森林为农业让步——为提高大豆或棕榈油的产量，或者为增加肉产品产量提供更多的牧场，或者为销售更多的原木和木材大批量采伐，或者修建通向锯木场的道路，等等。目前的事实是，以获取经济价值为目的的活动并没有考虑其对环境的影响。如今决策者意识到这是短视的疯狂行为，但负面发展还在持续。

对雨林的过度砍伐，其本质原因部分是当地经济贫困，部分是很多国家人口爆炸与生活水平提高的综合效应，导致对自然资源的需求增加，推动其价格上涨。

但过度砍伐热带雨林带来的环境影响是极度令人震惊的。有如下案例：

- **毁林开荒**构成了世界20%的二氧化碳排放。砍伐后的树木通过分解或燃烧生物质释放二氧化碳。此外，被破坏的森林地区将不再从大气中吸收二氧化碳，而这是热带雨林之所以被称为二氧化碳削弱者的最重要的功能。

- **水的生命周期**被削弱。例如，至关重要的雨量减少会严重影响食物和饮用水的供给量。此外，剩余的森林因为雨水减少及其本身对干旱的特殊敏感性，正面临着消失的危险。

- **生物多样性**枯竭，会削弱整个生态系统的稳定性。据估计，约50%的陆地物种生活在雨林当中。大约40%的物种在20世纪70年代初就已经灭绝了。

- **负面的社会生态学影响**是毁林开荒的另一个后果。当地居民，约5000万居住在热带雨林中，大约3.5亿居住在附近，都依赖于森林和/或清洁的饮用水。毁林开荒带来了贫困加剧的风险。

重要，不仅仅用于饮用，在农业和卫生健康领域都不可替代。对全球而言，不存在淡水资源的短缺。但由于地理上极不均衡的淡水分布，大约25亿人口面临严重的淡水短缺。据估计，由于洁净的淡水短缺，导致每天高达6000人死亡，主要是儿童。由于灌溉方式导致的地下水急剧减少以及大米等作物对水量的大幅需求，中国和印度的农业面临极大的威胁。气候变化和持续增长的人口将会给全球许多地区的水资源困难状况雪上加霜。海水脱盐和远途运输淡水在今天来看成本过高，无法成为解决问题的办法，至少在现有的技术水平下无法实现。

粮食供应短缺的威胁

粮食供应的威胁与淡水问题息息相关。从全球来看，粮食供给在目前不成问题。不均衡分配有经济和政治的原因。但在不远的将来，从全球视角看，粮食供给也会有威胁。鱼类储量正在下降，地球上耕地的使用目前已几乎接近饱和。气候变化通过干旱、洪水和其他问题威胁着农业。当然，耕地的数量一定程度上可以增加，更高效的农业和改进的育种技术可以增加每公顷的产量。但将所有因素综合考虑时，我们是否能够养活地球的人口就变得不那么确定了，尤其是如果地球人口在未来的50年中将从68亿增加到90亿—100亿（根据联合国的官方预测）。

因此，在可预见的未来风险的前提下，我们可以将环境破坏的负面影响与我们面临的其他超级问题相加，意味着增加的贫困和对自然资源冲突的升级。

人类活动对环境的不可预见的影响还无法确定。但我们决不能忘记许多目前已知的、严重的、间接的环境破坏产生的后果也曾是不可预见的——从漂白的珊瑚礁和臭氧层空洞到这个最重大的间接后果,即气候变化。

但在我们转入气候问题之前,先简单阐述一下臭氧层空洞的问题。众所周知,地球的大气层上部有一层臭氧层,与空气中的氧气一同吸收了大部分的高度危险的太阳紫外线。如果没有这层保护,任何植物和动物都不能生存,至少在陆地上是这样。氯和溴这两种元素很容易蒸发,能上升到臭氧层并开始破坏。那些不仅使臭氧层变薄,还使其出现空洞的工业排放物就含有氯。幸运的是,一些研究人员能迅速找到破坏臭氧层的原因。由于这个危险的紧迫性,以及纠正措施的相对便宜,大多数国家都已经制定法律禁止这些物质的排放。但几乎没有人知道偶然性是如何在历史中发挥作用的。荷兰化学家保罗·克鲁岑因其对臭氧层问题的研究而获得了1995年的诺贝尔化学奖,在接受瑞典杂志《研究与进展》(2009年第3期)采访时,他说:"工业企业从一开始选择氯而不是溴来制造产品,这是纯粹的好运气。如果他们使用了溴,不仅仅是南极上空,地球上空所有的臭氧层都会消失。"

这个评价是非常有价值的,它提醒我们人类必须对我们所计划的、对环境有影响的行动的潜在后果进行尽可能全面的理性的评估,必须十分敏锐地观察生态系统的任何变化。

气候变化带来的不可接受的后果

根据世界大多数气候专家的看法,人类活动所产生的温室气体是导致地球平均气温上升的主要原因。主要排放可追溯到我们最重要的能源资源——化石燃料。整体温度升高导致气候变化带来的后果只能被部分地预测,但这些可预见的后果已经

温室效应

全球变暖——喜忧参半

全球变暖导致的气候变化通常被称为温室效应。这个词某种程度上是不恰当的,因为真正的温室效应是空气在一个封闭空间中,太阳光辐射透过玻璃墙或类似的障碍物进行加热,产生的热量无法从其中散发到周边环境中。在强烈阳光下停靠了一天的汽车是最典型的例子。

地球表面当然不是一个封闭的空间。太阳对地球的加热效应与地球对宇宙的散热效应是相对应的。如果这种平衡在任何一个方向被打乱,地球的平均气温就会升高或降低。如果所有的太阳光和热辐射毫无阻碍地穿出大气层,平均气温将比今天的低33℃,也就是零下19℃,那么也就没有人类,甚至可能没有任何生命能生存。

目前被普遍认可的比较舒适的温度约为14℃,这是自然的"温室效应"产生的。这意味着大气层中的水蒸气和某些气体吸收了地球表面散射出来的大部分热辐射,然后向各个方向"再辐射"。很大部分的热辐射都通过所谓的温室气体再辐射到达地球。最主要的温室气体包括水蒸气、二氧化碳、甲烷和氮氧化物。

这种自然的和支持生命的"温室效应"在过去的150年中加剧了,因为人类活动增加了大气中的温室气体。抵达地球的再辐射加强,而向外的净辐射减少。换句话说,热辐射的导入和传出的平衡被打乱了,地球的平均气温开始上升。近几十年来气候研究人员对这种趋势越来越感到不安,其后果和风险是本书论述的主要内容。

目前,二氧化碳为温室效应的加剧贡献了约77%,甲烷为14%,氮氧化物8%。

根据2007年的政府间气候变化专门委员会(IPCC)的评估报告,三分之二或66.3%的温室气体排放来自于能源生产、能源使用,其中工业排放占19.4%,货物和旅客运输占13.1%,建筑占7.9%,能源供给(主要是电力)占25.9%。其余33.7%的排放来自于毁林开荒(17.4%),农牧业(13.5%)和废物(2.8%)。

非常令人担忧了（本书中所有的温度都用摄氏度"℃"表示）。

近代地球的平均温度，到1920年是13.7℃（+/-0.3℃）。之后平均气温显著增加，到2005年上升了0.75℃。大气中的二氧化碳增加速度更快，从18世纪的280ppm（ppm为百万分率）增加到了目前的390ppm。如果看整个温室气体浓度——18世纪没有数据作比较——大约是450ppm。在不增加温室气体的情况下，该浓度水平将逐渐导致地球温度平均升高2℃。

这看起来貌似温和的升温，将会显著改变地球的气候并产生严重损害生态系统的风险。如果我们人类不采取行动，依旧我行我素，根据专家观点，地球温度将在未来近100年内升高5℃。更为糟糕的是，可预见的损失将会按比例比温度升高增加得更快。如果我们不改变排放现状，全人类面临的毁灭性风险将会极大增加。

人类可以在零下5℃到40℃的温度范围内正常居住和生活，那为什么平均气温相对温和的变化，比如从14℃到20℃，会产生如此灾难性的后果？

微小变化的重大影响

一种解释是升温的程度不会全球相同，而是恰恰相反。平均气温升高0.75℃可引起局部地区升温2℃—3℃，例如发生在西伯利亚的情况。另一种解释是温和的升温会导致严重的气候变化。当我们认识到全球平均气温在最近的冰川期只比现在低5摄氏度时，就会很容易理解哪怕是小幅度的气温升高都会从根本上改变我们的生活状况。

气候变化

不是晴天霹雳

早在100多年前,瑞典科学家就发现人类活动可以影响气候。阿维德·霍格伯姆是斯德哥尔摩地质学教授,他在1895年警告说无烟煤燃烧会增加空气中的二氧化碳含量。第二年,斯万特·阿列纽斯(物理学教授和后来的诺贝尔化学奖得主)预计大气中的二氧化碳增加一倍,会导致地球的平均气温增加5—6℃。然而,根据当时很低的排放量,该过程将需要几千年的时间。

1938年,英国研究人员盖尔·柯兰德的测试结果证实了大气中的二氧化碳确实比上一个世纪增加了的猜想。他的报告影响不大,因为当时所有的焦点都聚集在"二战"的爆发。在20世纪50年代到60年代之间,数份公开发表的研究报告支持斯万特·阿列纽斯关于二氧化碳排放加剧变暖效应的观点,但这些报告中的时间维度被大大缩短了。

在20世纪70年代,人们发现人类活动导致的其他几种温室气体的排放加剧了二氧化碳产生的影响。

1988年,政府间气候变化专门委员会(IPCC)成立了,并从1990年开始每四年或五年出版一次关于气候变化的越来越全面和触目惊心的报告。

1997年12月,第一个关于控制温室气体排放的国际协议才在日本签署。也就是众所周知的《京都议定书》,其目标是工业化国家2012年前温室气体排放与1990年的水平相比减少5.2%。该议定书已被176个国家所认可,但不幸的是美国和中国不在此列。

温度上升的不同后果

整体气温上升的后果是什么?不幸的是,对这个问题的回答在今天依旧包括许多不确定因素。但基于已有的知识,我们可以定义出整体气温上升的四种大致后果。

- 多样化的气候效应通常都随气温升高而加强。
- 大规模冰川融化带来严重后果。

- 气候和生态系统中重大且不可逆转的变化（即阈值或引爆点）。
- 失控的全球升温——极端的阈值——意味着气温升高本身触发了自然界的运行机制，造成了内生的持续不断的升温，完全超出人类的可控范围。

让我们逐个分析这些后果。

多样化的气候效应

大家都听说过整体升温会带来多样化的气候效应，例如骤风暴雨、干旱、沙漠扩大化、热浪和热带物种向南北部的蔓延。

这些影响带来的后果虽然部分显著部分潜在，但都广为人知：例如，农业的退化或破坏、洪水、更多的森林火灾、粮食供给问题、饥荒、淡水短缺、贫困加剧、健康恶化、新疾病、人类被迫迁移、更多的难民、国家内部和国家间的武装冲突、物质损失、国家层面和全球层面的经济和政治危机。换句话说：多样化的气候影响造成了人类生存条件的恶化，而最贫穷的国家最先受到冲击。

所有这一切，与减少或枯竭的生物多样性一同会导致生态系统承受干扰的能力减弱。温度仅仅升高2℃已会导致40%的物种面临灭绝的危险。（如需详细资讯，请查询《气候变化经济学》，斯特恩主编，2006年。）

大规模冰川融化

冰川融化和海平面上升是气温升高最明显的后果。

首先需要指出的是，气候变化导致海平面上升不仅仅是通

■ 人类风险与全球治理 | The Greatest Challenges of Our Time

冰川融化和海平面上升是气温升高最显著的后果。（图片：Scanpix）

消融的冰川

淡水供应处于危险境地

冰川要比预想的消融得更快。这既会导致海平面的上升也会导致淡水的极度短缺。根据加利福尼亚大学海洋学斯克里普斯研究所的海洋物理学家蒂姆·巴尼特的观点，全世界多达20亿的人口完全或者部分地依赖于冰川融化水。这是如何实现的呢？

根据瑞典国家百科全书，冰川是雪和冰由于自身的重量移动堆积而成的。当厚度达到30米时，顶部的雪层过重，张力超过了内部冰体的承受能力。这将导致缓慢的变形过程——逐渐坍塌——产生冰盖，进而形成冰川。地球的冰川是在最近的冰河时代形成的。

当冰川融化的后果和气候变化一同被讨论时，人们通常指的是在两极之外略少于世界冰川2%的那些冰川地区。（如果在两极区域内的南极和格陵兰岛的冰川融化，世界海平面将大幅度上升）。在温带地区的冰川只存在于高山，即使在夏天，太阳都不会将所有的雪和冰融化。因此这些冰川通常扮演着为人类和动物供水的巨大水库的角色。在冬季，冰川收集和冻结那些在夏天消融的降水。消融的雪水流入河流，使河流不至于在干旱季节枯竭。沿着河流居住的人们经常周期性地完全依赖融化的冰川水作为饮用水和农业灌溉水。

如果由于全球变暖，冰川全部融化，将会产生两个有害的后果。在消融季节，非正常的冰川水量会造成河流的泛滥。如果冰川完全融化，那么在干旱季节，河流将无水可供。这将会导致大量人口短期或长期内完全没有饮用水。仅喜马拉雅山的冰川就定期供应亚洲的七大河流，是中国和印度上亿人口所依赖的水资源。甚至在世界其他地区水短缺的情况也会出现。例如，如果秘鲁地区安第斯山脉的帕斯托鲁里峰冰川融化，那么省会城市利马的供水将受到威胁。

冰川消融还会带来其他的负面效果。例如，当冰川的冰盖开始消失时，新暴露出的深色地面将会吸收更多的太阳辐射，导致温度的普遍上升。

过冰川融化，也可以直接通过所谓的热膨胀实现。水也像其他事物一样，当加热时体积增加。在讨论该问题时，通常会区分以下三种类型的冰：海冰、冰川冰和其他陆地冰。

融化的海冰：海冰的融化对海平面没有影响，但会对极地动物的生活条件产生负面影响。此外，它通过所谓的反照效应可加剧气温升高。这意味着冰融化后暴露在外的深色洋面较之白色冰面会吸收更多的太阳辐射。

格陵兰岛外和南极的**冰川融化**导致了海平面的上升，但只是轻微的。主要的负面影响受众是那些生活在河流附近的人们，而这些河流的水供给来源是融化的冰川。在夏天干旱季节，这些人主要依赖冰川融化流下的水生存。在冬季，大雪会补充冰川失去的冰体。但是当气候变化导致冰川在几年内融化，过度的消融首先会引发河流的泛滥。当整个冰川完全融化后，在干燥的夏季就会缺水，这是住在河流附近的亿万人的灾难。

格陵兰岛上和南极的**陆地冰融化**绝对是海平面上升的最大威胁。海平面上升将对包括海平面之上的沿海地区造成破坏，因为咸水会侵蚀耕地和饮用水源。但最大的威胁首先是洪水，它将无情地迫使人类疏散，并造成巨大的经济损失。

众所周知，海平面即使上升短短的1米或几米都足以使亿万人流离失所，无地可耕。三分之二的地球人口生活在沿海地区，而大约一半的人生活在距离海岸200公里以内的地区。据估计，在2025年75%的地球人口都将住在沿海地区。如果亿万人生活的主要沿海城市被上升的海平面破坏，世界经济将会在短期内被严重地破坏。

专家预测，如果仅仅是格陵兰岛的冰川融化，将会导致海平面上升7米，而南极西部冰川的融化将会导致海平面上升5米—6米。多少亿人将会被迫逃离家园？逃向何方？难以想象的难民局势将会产生，国际社会将面临巨大的救援和安置工作。

如果整个南极的冰融化，海平面将至少上升64米！即使这种灾难需要一千年或者数千年才发生，是可预见的并且是不可避免的，它仍将为人类社会带来紧急的、极端痛苦的后果。

引爆点——不可挽回的改变

在气候变化的未来风险之外还存在其他威胁。气候研究者通常用术语"引爆点"来描述各种阈值效应。当温度升高到某一临界值时，这些生态系统中不可逆转的事件会发生，或开始发生，并引起气候系统或者人类世界中重大的、持久的改变。

我们无法预见所有的阈值效应。除了上述提到的格陵兰岛和南极西部冰川的融化，以下几项事件也经常被认为是可预见的引爆点：

- 赋予生命的墨西哥湾暖流会被严重削弱或停滞。
- 亚马逊雨林干枯，变为热带草原。
- 气象中所谓的厄尔尼诺时期会变得更加普遍和强烈，这会导致额外的气候变暖，东南亚和南美内陆更多的干旱天气，南美沿海地区更多的洪水，以及对亚马逊雨林地区的灾难性后果。

这些气候事件将导致地球气候的急剧变化，而这些问题的后果是无法用今天的知识推测到的。很可能上亿人，或者是超过10亿的人口需要寻找新的居住地。这对于全球政治局势和政治暴力意味着什么，一方面很容易预见，另一方面又不可能预见。

最严峻的噩梦

但更危险的阈值效应是失控的全球变暖。

人类最严峻的噩梦意味着大自然自身掌控持续的变暖活动。这个过程,可能始于比如冰雪消融释放出足够大量的甲烷——这些甲烷目前被封锁在极地地区苔原上的冰晶以及海底沉积物内。一旦释放,就开始了一个恶性循环:更多的甲烷排放,更多的温室气体排放,更高的气温,更多的冰川消融,更多的气体排放,等等。以一百年时间跨度来看,甲烷是一种比二氧化碳强23倍的温室气体,这将导致全球变暖自动进行,完全超出人类的控制。

没有人知道何种程度的升温会导致失控的全球变暖。这就是为什么关于变暖后果的预测是如此的不确定。但很有可能如果平均气温增加超过6℃,上述提到的阈值效应会被触发。数亿人口将被迫转移,甚至东部南极洲的巨大冰层也会部分或全部融化。世界地图将可能需要重新绘制,地球将与现在有很大不同。

> 我为什么要对子孙后代负责?他们没有为我做任何事情。
>
> ——科瑞克·马克斯

政治暴力——一直存在

第三个超级问题是有组织的政治暴力，这里姑且简称为政治暴力。包括战争、内战、种族灭绝、种族驱赶、恐怖主义和其他有组织的带有政治目的的暴力行为。

政治暴力是一个永无止境的问题，引发了无数死亡和人类承受的各种痛苦。至少自"二战"以来每年在世界各地都有各种政治暴力事件发生。各个年龄段的数百万人口被杀死、肢解、强奸，或被迫离开自己的家园。大多数受害者是平民、妇女和儿童。

除了暴力的直接后果外，其副作用也很可怕。发展中国家的战争和内战通常会加剧贫穷并严重伤害人类的精神和心理——既包括受害者也包括肇事者。例如，儿童兵长大之后能享受正常生活的几率有多大？

综观经济损失，除了在战争中直接的物质损失外，我们必须将战争中用于军事目的的人力和物力纳入计算。根据斯德哥尔摩国际和平研究机构的一份报告，2008年全球军费开支为14540亿美元。那么可比范围内这些金钱数量意味着什么？那就是大约27亿人，即占世界人口40%的最贫穷人们生活一年的费用总和。全球每年对发展中国家的资助大约为1000亿美元，仅仅占军事支出的7%。

大规模杀伤性武器的威胁

政治暴力带来的最大威胁是那些在恐怖事件或冲突中使用的大规模杀伤性武器。随着越来越多的国家掌握了相关技术来生产核武器和生化武器，这种风险正在加剧。

"二战"末期在广岛和长崎投下的原子弹使得公众意识

到了这些武器的巨大危险。今天这些大规模杀伤性武器更为可怕,可以瞬间摧毁数百万人口的大城市甚至是小国家,或在平民中传播危害生命的疾病(传染病和流行病)。

此外,政治暴力及其风险消耗了政治领导者大量的时间,更糟糕的是,使政治领导者和公众的视线偏离了其他重要的问题。这意味着能够解决威胁生命问题的措施被执行得过晚或根本没有执行,无形中增加了各种灾难的风险。

总而言之,目前政治暴力已经带来了巨大的问题,这些问题在未来的风险毫无疑问更以倍计。

贫穷——当今最糟糕的苦难

贫穷显然是一个相对的概念。在瑞典,最低的生活水平通常为每天150瑞典克朗或约20美元。国际上对贫穷的定义是完全不同的:贫穷是一个人日均支出在2美元或1.25美元(赤贫状态)。此外,生活在贫穷中的人缺乏基本的医疗保障。本书中探讨的贫穷,可以定义为基本物质资源匮乏,并且严重伤害或威胁人们身心健康的贫困的程度。

道德沦丧

根据世界银行的统计,大约14亿人(20%的世界人口),每天依靠1.25美元生活,另有相同数量的人口每天依靠2美元生活。这两组人的平均生活成本都明显偏低。1美元在穷国的购买力高于在美国的购买力这个因素已被考虑在内。具体来说,这意味着:

● 约9亿人处在饥饿状态,或者更精确的表达是,长期营养不良。

2. 四大超级问题

贫穷是当前最大的痛苦。世界上超过25亿的人口每日生活费用最多2美元。摄于索马里。（图片：Wesley Bocxe/IBL Bildbyrå）

穷国和富国之间无法容忍的差距

本书将贫穷列为人类的四大超级问题之一,是因为它造成了当今人类最大的痛苦。下面的图表基于瑞典国际事务机构2009年8月的数据,显示了最穷和最富的国家之间惊人的差距。此表中的世界人口被划分为三组:最富有的、中等的和最贫穷的。最贫穷和最富有的人群组分别占了世界人口的15%。

富国的人均国民生产总值比穷国的高80倍!请注意这个差别是各相关组的平均值间的差别。而单个最富国家和最穷国家间的差距将更惊人。

不仅仅这个差距是巨大的,绝对的经济水平差异也是惊人的。最穷国家组大约有10亿人口,每年人均国民生产总值只有472美元,或每天1.3美元。这不及瑞典平均水平的百分之一:人均国民生产总值55620美元,或每天152美元。

这组数据也显示出经济水平对预期寿命、教育水平、人口增长以及二氧化碳排放的影响。

居住在富国的人们通常比穷国的人们多活40%也就是23年。贫穷(营养不良、不充分的医疗卫生和教育)与人口快速增长的关系也可清楚地从表中看出。

该表中显示的三组人口的人均二氧化碳排放值清楚地展示了世界领导人面临的极端困难的问题。

国家	占世界人口的百分比(%)	2008年人均GNP(美元)	人均预期寿命(年)*	平均文化水平(%)**	每年自然人口增长率(%)	年人均CO_2排放量(吨)
最富国	15	38719	79	99	0.36	12.4
中等国家	70	2920	68	81	1.14	3.0
最穷国	15	472	56	58	2.26	0.4
最大值、最小值						
穷国		118045	83	100	−0.7***	36.9
富国		113	30	22	3.9	0.1

来源:瑞典国际事务研究机构,数据库,2009年8月。
CO_2的数据是指2005年的数据。
*男性和女性的平均数。
**文化水平指的是能够阅读的能力。
***特指乌克兰数据,既不是穷国也不是富国水平,是中等国家的水平。

- 约11亿人缺乏洁净的饮用水。
- 约20亿人缺乏厕所设施。
- 由于贫穷,五分之一的儿童在其5岁前夭折,这意味着每年1000万儿童死亡,相当于每天27000个儿童死亡。一半以上死于营养不良,将近五分之一死于不洁净水所引起的腹泻或脱水。

这种可悲的计算可以持续更久。在本书所讨论的四个超级问题中,贫穷是造成人类无可比拟的最严重痛苦的一个问题,显示了富国的道德沦丧,没有采取足够的措施来减少发展中国家的贫困。

对于遭受贫困袭击的人类而言,未来风险主要意味着由于食物和水的短缺所带来的痛苦,以及更多的政治暴力。

从富裕国家的角度来看,最大的风险来自于人口增长带来的环境破坏、大规模移民、新旧疾病的传播和政治状况的不稳定。

瘫痪性危险

在本章中,我们相对简要地试图表明我们面临的四个全球性问题是非常严重的,很多潜在的危险是巨大的,甚至是灾难性的。

然而,无论公众还是政治领袖似乎都没有以以下的方式来看待这个问题——评判公众对采取快速有效的措施的潜在需求,或者评判政治家们目前为止在这些问题上做出的决策。这个问题在涉及温室气体效应时表现得尤为突出。气候变化可以彻底恶化人类的生活条件,而温室气体每年都被允许增量排放,尽管1997年的《京都议定书》和其后12年内所有的谈判会议都有讨论。自1992年在里约热内卢签署了气候公约,也就是世界各国第一次同意稳定气候以来,温室气体排放已增加了30%。

特别对公众而言,所描述的威胁是真实存在的还是绝对不可能的噩梦情景,至少在公众看来,这个问题还有很大的不确定性。这种不确定性会极大地限制政治领袖们采取必要的、却不受欢迎的措施的可能性。

这种不确定性出现的原因很大程度上是因为目前没有对巨大灾难发生的可能性和风险作相关评估,至少没有出版发行。这很难理解,因为风险评估通常是对不确定情况形成决策的最重要环节,即使是那些相对于环境、气候、贫穷和政治暴力等重大问题价值小得多的决策都应该作风险评估。

下一章我们试着用现有可用的数据进行风险评估。

> 行动中的同情心也许是能保护我们拥挤的、污染的地球的巨大机会。
>
> ——维多利亚·韦彦

2. 四大超级问题

地球上三分之二的人口生活在沿海地区。海平面升高1米或几米就足以使千万人无家可归。拥有1192个低地势岛屿的马尔代夫已经处于危险地带。（图片：Scanpix）

3. 被遗忘的风险评估

> 除了为我们所做的事情负责,我们也需要对那些我们没能做到的承担责任。
>
> ——韦斯利

气候变化会带来何种后果,有何风险,我们相当地不确定。环境破坏、政治暴力和贫穷,人类面对的这三个其他的挑战也面临同样的问题。因此,要解决这些问题,作出所有的重大决定之前预先进行风险评估是非常有必要的。但是,正如之前章节所指出的,风险评估显然还没有进入公众的意识里,并在讨论重大问题时加以应用。

风险及其两个元素

什么是风险评估?

如果从这个简单的概念出发,我们认为风险是一个将会在未来有可能出现的、损害我们利益的负面事件。因此,风险包括两个元素:一部分是潜在的(可能的)损害,另一部分是发生损害的可能性。

在日常使用中,风险经常用于描述以上一种或两种元素,

3. 被遗忘的风险

有时是第一种元素，有时是第二种元素，或者是两种元素的结合体。假如我们说一个人从5米高地方的跳到石板地上将会有很大的风险，我们指的是，他会严重伤害到自己，或者是他有很大的可能性会伤害到自己，或者两者都有，即整体风险。本书后续讨论风险不以百分比或者比例进行量化时，我们均指整体风险。只有潜在损害时，我们均称为损害。众所周知，风险有很多种，包括那种我们有意识地承担的风险，因为这些风险获得补偿的几率较高。一个熟悉的例子就是大家会投资于股票市场的共同基金，而不是将钱安全地存在银行活期存款账户中。其他的风险包括那些不正当地伤害到我们的，以及那些我们自身引发的风险（包括无意识地，或者不计风险地做事情）。气候变化带来的风险就属于后者。只要其风险成本是值得的，我们一般会选择消除，或至少降低这些风险。

消除或者降低风险几乎很少是免费的。一般的规律是，我们需要付出一些代价。这些牺牲指舍弃一些我们目前拥有的（比如我们花钱购买火灾保险），或者是克制一些我们的欲望（如一个烟瘾很大的人为了降低肺癌的风险决定戒烟）。

为了作出最佳的决定，我们必须在某种程度上测量、权衡或评估风险本身（或是降低的那部分风险），以及为减少或消除这些风险所必须作出的牺牲。上述提及的认真分析风险从而能够以一种合理的方式采取措施，即我所说的风险评估。

几率变化的可能性

风险的大小一部分源于损害的大小，另一部分源于其损害发生的可能性。当涉及普通的经济损失时，如房屋火灾，风险大小等于其可能的损失乘以发生火灾的可能性。因为风险往往小于可能的损害，50%的可能性就可以表述为0.5。举一个例子，如果在火灾之后重建一个家庭住宅将要耗资100万美元，且预估每年发生这样彻底损害的可能性是千分之一，那么风险大小就是 $1,000,000 \times 0.001 = 1,000$ 美元。这个数字在理论上等于其支付的全年保险费（在现实中保险公司考虑其成本和盈利后，会有额外的加价）。

但是——这是关键——这个简单的风险计算并不适用于那些无法用金钱弥补或代替的损害，比如人类生命或者永久下降的生活质量。那样，风险的大小更多地取决于其可能带来的损害的大小。发生潜在损害的概率极其大时，风险的发生概率就会变得无关紧要，数学家会认为无穷乘以0.00000000001依然是无穷。

应用到日常生活中：如果我们知道我们将会损失一些无可替代的东西，我们一定会竭尽全力去避免这些损失。可以用一个例子说明这个逻辑：一个比较贫困国家的一对父母发现他们至爱的女儿得了一种非常罕见的疾病，孩子死亡的可能性高达30%，除非进行一个非常昂贵的治疗（获得这类治疗的小孩将获得痊愈）。但是这种治疗只能在国外的富裕国家才可实现。这对父母在当地有较为体面的工作和生活，但却没有积蓄。如果有任何方法，他们都不会让自己的小孩去经历死亡的威胁。因此，他们为了支付在国外的治疗费用和旅行而贷款，尽管他们的家庭今后五年的生活水平都将低于他们已经习惯的标准（直至他们缴清贷款），他们也会如此选择。

其中，最有意思的原则性问题是：如果该病的死亡率不是30%，而是5%或者只有1%，那么这对父母还会送孩子去接受治疗吗？即当风险概率是原有假设的六分之一或者是三十分之一，这对父母依然会希望消除风险吗？他们会不会只愿意承担与风险相对应的那部分牺牲？不，他们不会。父母都明白会有这样一个风险，而且运气不好的话，会碰到这个小概率事件。但是他们同样知道，如果不幸真的发生了，他们会一辈子受折磨，他们所缺乏的牺牲意愿——即他们对物质生活的优先考虑——导致了孩子的死亡。

可忽略和不可忽略的风险

当然，要正常生活，我们就必须接受一定的风险。如果这些可能的损害是无关紧要的，我们通常不会费心去思考这些风险。在有些情况下，我们也会接受产生巨大损害的小概率事件，因为我们觉得那些风险是可忽略的。我们所说的可忽略的风险，在这种情况下是指发生损害的可能性很小，以至于大部分人都将其视为0，尽管事实上潜在的损害可能会很大。这通常指那些伴生的风险，考虑到这些风险所伴随的收益和好处，我们认为其风险可被忽略。比如我们大部分人都不会去思考乘坐飞机或者是驾驶汽车的风险，因为我们都预期有一个"正常的"生活。在风险评估中，一个关键点即是去区分可忽略和不可忽略的风险。

就像对其他很多事物一样，人与人之间对于风险规避的程度自然很不相同。为能了解到公众观念中对可忽略风险的界定，我们可以更进一步地分析一下空中旅行和汽车的使用。在这两个重要的活动领域，我们的社会和个人都很显然地可以容忍一定的事故发生率。

在2001年至2008年间，共有239例飞行事故，平均每年30次。在此期间，全球共有2500万—3000万次航班，也就是说，平均每100万次航行中会有1次空难，这是一个小概率事件（数字表达为0.000001），也许与风险承受程度关系不大，而是科

■ 人类风险与全球治理 | The Greatest Challenges of Our Time

森林砍伐导致世界森林的保有量以惊人的速度在减少，其中损失最严重的是热带雨林，并导致了一系列严重的环境后果，这幅照片是在哥斯达黎加一片被砍伐毁坏的雨林地区拍摄的。（图片：Peter Hoelstad/Scanpix）

学技术可靠的结果。然而，假设空难悲剧的可能性不是一百万分之一，而是一千分之一或是百分之一。我们每个月将会看到2500或25000次空难，或者是每天80或800次。如果全球的数据适用于中国，那么每年从中国机场起飞的近300万次航班中，将会有3000或30000架飞机坠毁。那么还会有民用航空存在吗？当然没有。无论是政府当局还是潜在的乘客都不会接受这样的风险水平，即使这个风险概率"仅仅"是千分之一。

即使空中交通没有成功发展到今天的安全程度，它也会不断发展和存在。没有人知道政府和乘客能接受的最高事故发生率是多少，不过，这个数字一定不会超过目前水平的10倍。从全球视角来看，即意味着每年300次空难，将近每天1次，或每10万次航行中发生1次事故。

在瑞典，每年大约有500人在车祸中丧生，5000人严重受伤。如果900万个瑞典人每人每年只乘坐汽车1次，每1700次汽车出行就有1次严重伤亡。但由于每个瑞典人每年都有50—100次的汽车出行，一个较为准确的风险预测是10万次汽车出行中会有1次车祸。实际上，平均水平的驾驶员发生车祸的概率小得很，而醉酒或超速导致的车祸在统计数据中所占比例相当高。

根据之前的推理，我们可以得出一个不一定严谨但非常合理的结论，即可忽略的风险概率的范围——当可能的损害包含1到100个人的死亡时——大约在十万分之一到一百万分之一之间。

消除、减少还是限制风险发生的概率

如果我们认为一个损害发生的几率是可以被忽略的，那我们就不用担心了。否则，我们应尽量确定风险的规模，一方面基于潜在损害的大小和类型，另一方面基于我们假定的或预测的风险几率。

下一步我们来研究对这些风险可以做些什么。可能有好几种选择。我们是否可以消除、减少或者限制这些潜在的损害（如在汽车中安装安全气囊）？我们是否可以消除、减少或限制一个事故未来发生的可能性（如小心地驾驶汽车）？我们是否可以同时做到以上两点？

在决定采取何种措施之前，我们自然要考虑到这些措施的成本。通常我们必须看到三个方面：在目前的情况下，哪些措施将消除、减少或者限制这些风险？采用这些措施后的结果是什么？以及我们需要为这些措施负担哪些成本？以上这三个具体问题我们必须一一研究回答。

什么是合理的牺牲？

多大的牺牲我们认为是合理的？基本上只有一条普遍原则：不能物超所值。对于可量化的财务风险，这条原则简单适用，但难以运用于其他的情况。对于大部分无法补偿的潜在损害，关键点是这些损害发生的几率是否可以被忽略。当不可忽略时，所有小于潜在损害的牺牲或成本都是合理的。

在实际生活中，对于以上这条原则有相当多的分歧，因为在风险偏好上，对可能发生的损害的评估上，以及对所作牺牲的评估上，都存在着大量的个体差异——不止这些——还有道德层面上的不同见解。

具体的风险评估——气候变化的威胁

依据上述风险评估的基本知识，是时候根据理论开展一些实际应用了。我们从最复杂的问题开始——气候变化。

首先强调，我们在与极大的不确定性作斗争。大众对于全球生态系统（或者自然）的知识是非常匮乏的，即使是气候问题专家的评估（如在温室气体排放的后果上）也在很多方面存在不确定性。但这些评估仍然是公众和政治领袖们认识气候问题以及做决策的基础。比这更好的基础我们还没有。

另一方面，气候专家们的计算往往低估了问题的严重性。媒体报道的大部分预测偏差指出的是错误的方向。海上浮冰和冰川融化地更快了，海平面上升得更多了，海洋实际上吸收的二氧化碳少于我们所预测的，等等。我们也可以参考两个最受尊敬的瑞典气候问题专家的看法，厄兰·凯伦和马尔克·缪凯勒教授曾经在2009年4月提供了新的气候数据，补充了2007年政府间气候变化专门委员会（IPCC，成立于1988年）的报告。这两位教授指出，全球变暖的后果比我们通常认为的更加严重，未来气候的变化将会比之前显示的更加剧烈，之前确定的控制全球变暖、使之最多升温2℃的目标更加难以实现。

潜在的损害

如前所述，由于气候变化，大大小小不可计算的损害将不断涌现。总体上说，全球气温升高得越多，产生的破坏就越严重。

我们的风险评估将集中在可预见的、确实巨大的潜在损害，即那些会严重损害人类生活条件的气候损害。正如在之前章节所说的，这些损害是由气候系统中某些不可逆转的变化造成的，这些变化在某些情况下会导致变暖超出控制范围，或是自行升温。因此，我们可以认定这些源于气候变化的潜在损害是极端严重的，无论我们是否忽略那些可能出现的、不可预见的灾难场景。

灾难性气候损害的概率

发生巨大气候灾难的概率是多少？这是我们需要回答的最重要的问题。并且，公众如何看待这个问题将在很大程度上决定我们可以采取哪些"政治上可行的"措施。

但是发生巨大气候灾难的概率也是最难回答的问题，因为它包含了太多纯粹的不确定性，并涉及一个很长的时间框架。

尽管存在以上困难，科学家仍然必须尝试预测人类温室气体排放导致大灾难发生的概率有多大。这是一个多步骤的评估，且不幸在每一个步骤都会产生误差。

三个核心问题

我们试图找到以下三个核心问题的答案：

1. 怎样的温度上升会引发灾难性的事件？

预测的基础有不确定性，且意见很有分歧，因为，人类在全球变暖及其引发的后果方面无法参考任何历史经验。

2. 大气中哪些温室气体成分会导致气温的关键性上升？

不确定性来自于以下三个方面：

- 温室气体的总体升温效果，即我们所称的"气候敏感性"。
- 全球变暖带来的相关反应（指加强或者减弱最初变化而产生的后果，最初变化即温度升高）。即使它不改变温室气体排放量，也会影响温度。举一个例子，冰融化后有更多的深色海洋或土地表面暴露在外，会比之前能反射大多数太阳辐射的冰面吸收更多的能量。
- 某些工业排放物将各种形式的微小的、短暂存在的、对健康不利的颗粒或者气雾带入空气中，也将会提高或者减弱太阳辐射的温室效应。

3. 多大的排放量会导致这些温室气体的集聚？

不确定性主要取决于增加大气中温室气体含量的已知的和未知的反应。举例来说，解冻的永久冻土将释放甲烷和二氧化碳，或者由于气候变暖，海洋吸收二氧化碳的正常功能被减弱。到目前为止，这些反应都只是部分地在气候专家的模型里被提及。

以上这三种不确定性累加在一起，很大程度上可以解释专家对气候变化问题的不同观点，也可以说明专家们各自预测结果多样化的原因。

现有已有一些具体的预测，说明了不可逆转的气候变化事件（即引爆点）危害地球的几率。2009年3月美国科学院院刊上发表了一份调查报告，展示了从目前到2200年不同的增温幅度下，前沿气候变化研究专家对五个严重的气候变化事件发生概率的预测。尽管这份调查很有警示性的味道，却并没有获得公众足够的关注。其中一个原因可能是这份报告运用了一系列非常复杂的图表来说明这个结果。我觉得，下列表格已把这份调查中最有意思的结果转化为了数据，可以很清楚地说明问题。

表格中最不祥的数字是，科学家们预测即使总体气温在2.7℃以内，在气候系统中引发更多的、非常严重的变化的几率还是很大。众所周知，近年来全球主要政治领袖希望达成的目标是防止全球气温变暖超过2℃。

然而，越来越多的观察家对这个目标能否达到表示怀疑。这意味着有两种相对独立的情况可以说明这个概率事件是不可忽略的，相反的，这些具体的气候变化事件显然将会发生。一方面，预测表明升温"低于2.7℃"和"在2.7—4.7℃"不会比

调查结果（由43位备受尊敬的气候专家参与，对2200年前可能发生的五个重大的、不可逆转的严重气候变化事件的概率进行评估的调查）

五大气候事件	认为具备资质对各事件进行评估的专家数量	至2200年全球不同升温幅度下发生各事件概率的平均值		
		低于2.7℃	2.7—4.7℃	4.7—8.7℃
墨西哥暖流减速至少80%	22	6%	17%	34%
格陵兰的冰完全或几乎完全融化	15	20%	43%	67%
西南极地区的冰盖融化并滑入海洋	15	18%	29%	49%
亚马孙热带雨林至少一半以上死亡或者烧尽	14	17%	31%	45%
厄尔尼诺周期更加普遍和剧烈	14	8%	19%	31%

每一个事件，只有少数的专家（7%—29%）认为其不会发生，或者不会导致严重的气候变化，在计算以上概率的平均值时，这些专家的评估概率被计算为零。报告的全文《在气候系统中的临界点的非精密几率评估》可以在www.pnas.org上找到。

"低于2.7℃"的发生概率低很多。另一方面，这已经是一个公开的问题：政治家们能否成功地在具体措施上达成协议，以真正地将升温限制在2℃之内。

无论到底是否认可这些专家的预测或其内在逻辑，表格中的结论就是，生态系统未来发生严重变化的可能性是不能忽视的。

悲观的数据

作为风险评估的下一步，我们现在要试图找到能够导致这些最可怕的情景发生的迹象并试图推算其概率：即解冻的永久冻土释放的温室气体进一步刺激全球变暖并使其失控。我们在这里可以说明，已经有报告显示，无论是从冻土带还是从海底，都将有更多的甲烷被释放。大部分的气候专家似乎都不愿公开他们的观点，阐明多高温度的上升会导致一定数量的甲烷释放，以致使全球变暖失控。但俄罗斯的永久冻土学者谢尔盖·兹莫夫（他领导西伯利亚一个研究机构近30年，且被称为此领域的全球权威）在2007年11月一次接受瑞典《每日新闻报》采访时表示："如果平均温度上升超过5℃，整个永久冻土层必然消失。但是，目前来说，即使温度上升2℃我们都能达到临界点。"这段陈述令人忧心，因为在那些存在大量冷冻状态甲烷的地区，升温幅度已经大大超过平均水平。例如在西伯利亚，平均温度已经上升了近3—4℃，而地球的平均温度，正如我们前面所说，增加了0.75℃。

还有一个表格的数据也能显示风险评估中概率估算的核心意义。该数据的主要部分已经发表在影响广泛的斯特恩报告的初版中（由前世界银行首席经济学家尼古拉斯·斯特恩主持完成）（《气候变化经济学》，斯特恩报告，2006）。遗憾的是，该表格在斯特恩报告的摘要中，被另一个不那么有启发意义的图表所替代。目前只有摘要被翻译成了瑞典语，所以在瑞典还没有很多人对这些数据进行研究。

比空中飞行的风险大得多

下面的表格显示了大气中温室气体的各种含量水平，还显示了权威气候专家预测的不同温室气体水平可导致何种长期增温效果。第二和第三列的数据来自于两个独立的研究团队，最后一列的数据来自于联合国的政府间气候变化专门委员会（IPCC）气候专家组。在这个气候委员会的研究学者也都享有

温室气体浓度和预计的全球升温的关系

自前工业时代起，各种温室气体在其各稳定水平上长期升温的预测概率区间。

温室气体浓度	依据以下信息来源的升温预期		
	哈德利中心2004（℃）	2006年11个研究综合的结果（℃）	2007年IPCC**（℃）
280ppm*（约为1750年）	0	0	0
400ppm	1.3—2.8	0.6—4.9	—
450ppm	1.7—3.7	0.8—6.4	1.4—3.1 (2.1)
550ppm	2.4—5.3	1.2—9.1	1.9—4.4 (2.9)
650ppm	2.9—7.7	1.5—11.4	2.4—5.5 (3.6)
750ppm	3.4—7.7	1.7—13.3	2.8—6.4 (4.3)
1000ppm	4.4—9.9	2.2—17.1	3.7—8.3 (5.5)

* 仅仅是CO_2。
**括号中的值为IPCC认为最有可能的结果。

很高的声望，但是有几个国家的政治力量被认为对公布的结果施加影响，并淡化气候威胁。

表格中的第一列显示了大气中温室气体含量的不同水平（测量采用"二氧化碳当量"，即将所有的温室气体转化为二氧化碳来计算）。2006年的斯特恩报告中给出的目前温室气体浓度大约为430ppm，2007年瑞典气候变化科学委员会的一个报告数据是450ppm。据预测其浓度每年上升2至2.5ppm。所有的数据几乎都显示我们目前已经达到，或者在不久的未来将达到450ppm这个水平。表格中的黑体字部分代表了现值，可与表格中的初值即工业革命之前18世纪中期的280ppm相比较。但值得注意的是，在18世纪只测量二氧化碳的含量。

由于气候系统自身的迟钝性，增加的温室气体浓度对温度的影响是逐步的且长期的。第二、三和四列显示了各个研究团体对这个过程的预测结果，即在温室气体的不同稳定水平上，温度将上升多少（与前工业时代相比）。

根据2004年英国气象局哈德利中心的研究，当前温室气体含量水平已经可以逐步导致温度增长1.7—3.7℃。根据发表于2006年的11个研究的综合数据预测，下一个纵列显示如果目前的温室气体水平保持恒定，长期的温度增长将在0.8—6.4℃这个更宽的范围内。政府间气候变化专门委员会的数据更低。目前的温室气体水平将导致1.4—3.1℃的长期温度增长，2.1℃是最有可能的结果。

必须强调的是在第二和第三列的概率区间只包含所有可能结果的90%。最高和最低的5%并没有显示在这里。IPCC的数据更加模糊，因为它们只覆盖了大约66%—90%的可能结果。这些数据在风险评估中非常重要，因为所有的可能性都显然要被考虑到。

我们从这个表格中得到的信息和之前表格中的一样让人担

忧。虽然报告中的数据彼此差别很大，却都一致表明当前大气中温室气体的浓度很大程度上会引起超过2℃、甚至大大超过2℃以上的长期升温情况。

这对全球变暖失控的概率来说意味着什么呢？假设俄罗斯的永久冻土学者谢尔盖·兹莫夫的预测过于悲观，当气温升高5℃时发生大灾难的概率只有50%。我们进一步假设临界增长温度在2℃到8℃之间，这个范围内的概率大致分布在钟形的正态分布曲线上，也就是说这个灾难过程在5℃时开始的可能性最大，临近2℃以上和临近8℃以下时发生的可能性最小。现在我们可以大概计算出当温室气体浓度在450ppm二氧化碳当量的时候，这个表格中灾难发生的三个不同概率。根据哈德利中心的数据，其风险超过5%；而根据11种研究的综合数据，风险将超过25%；根据IPCC的估计，风险大约在2%。

解读该表格和之前的表格必须既使用常识也要有审慎的态度。我们需要忽略数据的精确性，而数据的大小才具决定性。在这里，我们要区别可忽略和不可忽略的可能性。因为在这个问题中无论25%，5%或2%的概率，都是不可忽略的，所以这些不同的数据并不会影响风险的大小，实质上也不会影响需采取的措施。

但显然，我们不应该得出如下结论，认为风险概率是2.5%还是25%对我们并不重要，或者是认为我们不需要作出更大的牺牲去降低风险，或者将风险最小化。例如，不需要将20%的风险降低为5%。这些想法都完全错误！

让我们暂时回到之前的一个例子，即那对父母为避免女儿死亡的风险，选择大额贷款来支付国外昂贵的治疗费。最有意思的问题是那对父母是否还会作出同样的选择，如果昂贵的治疗费只是降低了孩子的死亡率，从30%到10%，而不同于之前的情况，从30%到完全无风险（即完全康复）。我相信其正确答案应该仍然是肯定的——即这对父母还会作出同样的选择。通过大量借贷，这对父母会不惜一切代价去降低他们孩子的死亡风险率。

无论我们如何看待目前关于气候问题不确定性的各种观点，未来发生大的不可逆转的气候事件的概率显然是不可忽略的，甚至连气候变暖超过可控范围这个"噩梦"本身都是不能忽视的。

如果其概率只是目前的百分之一，这些灾难发生的概率也不能认为是可以忽略的。如果我们说发生气候灾难的风险只是百分之一，或者反过来说这些学者预测的准确率只有百分之一，那么发生世界性的大灾难的概率仍可达到万分之一（100乘以100），这也比我们接受车祸和空难的概率要高很多。

有些人支持目前全球变暖只是全球自然变化的一部分，而与人类温室气体排放无关的观点。以上的分析应该使这些人反思。这些反对就气候变化采取应对措施的人希望首先获取证据，说明那些有代价的措施一定能够减缓气候变暖。这当然不能百分之百地得到证明，但是超过大多数的气候学者都认为变暖是极有可能的。因为这些怀疑论者也很难坚持说，超过99%的学者的观点都是错误的，他们就应该承认气候灾难的风险是不可忽略的，并因此承认完全有理由采取措施去降低这些威胁。

发生极端气候灾难的可能性比空难和车祸的概率要高很多，这个结果不仅让人意外，更令人恐惧。

■ 人类风险与全球治理 | The Greatest Challenges of Our Time

　　2005年，卡特里娜飓风毁坏了美国在墨西哥湾海岸的大部分地区，给当地居民带来了巨大的损失和痛苦。这张照片显示了新奥尔良的部分地区。（图片：Scanpix）

3. 被遗忘的风险评估

如果我们乐观地认为发生气候灾难的概率只是百分之一，相比约为十万分之一的驾车事故率，气候变化的风险已经是其1000倍了。也就是说，发生极端大型灾难的概率比空难和车祸的概率要高很多，这个结果不仅让人意外，更令人恐惧。

整体风险会有多大？

我们仅仅讨论了概率方面，还没考虑到气候变化和汽车驾驶带来的潜在损害有何不同。当涉及气候变化时，全人类的生存和发展都将面临危险。而在一场车祸中，可能"只有"一个或少数几个人会伤亡。

当我们也考虑其可能的损害时，铁定的回答是，潜在的灾难性结果和高风险概率事件都无疑说明了气候变化将会是人类所面临的最严峻的挑战，且这些风险也并不是像大多数人想象的离我们那样遥远。

因为公众还没有认识到这些风险真正的面目，所以公众为迫使政治领袖们真正严肃对待气候问题而施加的压力之小也就不足为奇了。

我们可以消除或者减少这些风险吗？

这个问题的答案也同样肯定。正如我们在这一章节开篇时所说的，原则上，风险可以通过两种方式消除：一是消除其可能的损害，二就是将其发生概率降低为零。同样的，风险也可以通过两种方式减少：一是通过预防性措施去减少其可能的损害，二是降低其发生的概率。

但是，如果谈到气候灾难，其潜在的损害几乎不能降低到可以不再被称为灾难的程度。例如，如果海平面上升太多，以至于纽约或香港不再适宜居住，我们可以通过好的规划从某种程度上降低经济损失，但是我们不能减少其带来的整体损害。

如果要谈到降低发生严重潜在气候灾难的可能性，前景也极其黑暗。无论是从短期还是长期来看，可能性几乎为零。

人类已处在危险区内

许多人认为，我们可以也必须通过减少排放量去降低气候灾难的风险。乍听起来似乎不错，但是，虽然这样说，我们也必须在头脑中将减排后的风险与不采取任何措施的风险或者纯粹继续增加排放的风险进行比较。我坚持认为，所谓的减排，应该是指在现有的水平上逐步降低排放量，而不是在一个假定的、或者可能的未来的水平上来衡量减排。

到目前为止，虽然《京都议定书》对减排做了限制，且大家对气候变化问题有了更加深刻的认识，每年向大气中排放的温室气体量仍然在增加。风险也由此而增加。根据瑞典科学委员会2007年在气候问题上的报告，目前温室气体浓度以每年1—2.5ppm的速度增长。根据报告和上述表格"温室气体浓度和预计的全球升温的关系"中的数据，目前空气中的温室气体浓度已经可以导致全球平均温度上升3—6℃。同时不幸的是，也有可能会有更大幅度的温度上升，因为这些报告中的数据仅仅代表了最多90%的可能结果。这意味着人类已经处在一个危险区域内，即使我们能成功阻止新的排放，我们也无法消除这些风险。

另外，伴随着每增多一吨的温室气体排放，风险也每天随之增长。

无论是短期还是长期，我们自然无法完全停止排放。因此，为了减少一点风险，我们最好能逐步减缓排放增长的速度。我们唯一所能做的就是——尽可能地减少排放。

当我们能够控制排放量从而不再增加空气中温室气体浓度时，我们才不再增加自身的风险。只有在此之后，通过进一步的排放限制，才能开始温室气体浓度和风险同时减少的漫长的大气"健康"恢复期。

我们对气候变化的风险评估给我们带来以下的结论：

● 潜在的损害非常大。

● 我们无法精确预测潜在损害发生的概率，但是它们的风险肯定是不能被忽略的。

● 整体风险也非常大。

● 风险无法被消除。

● 短期之内，这些风险还将继续增长。

● 我们能做的降低风险最好的方式就是，考虑到合理的"成本"，尽快尽可能多地去减少温室气体排放。

这意味着人类已经处在一个危险区域内，即使我们能够成功地阻止新的排放，我们也无法消除这些风险。

在第五章"困难但必要的措施"中，我们会将以上的最后一条列入传统的风险评估中，即将采取措施后可能的结果与实现这些措施所需的成本和牺牲作比较。在本章的剩余部分，我们将简短地对其他人类面临的挑战进行风险评估。

具体的风险评估——环境破坏

环境破坏的潜在损害据估计是巨大的，因为人类生存所依赖的食物和水的供给均处于危险境地。

环境破坏继而导致大灾难的可能性非常大，因为世界社会缺少一个超国家的组织，既能对人口增长和抑制环境破坏进行决策，也能够对其采取广泛而有效的措施。

当潜在的损害和风险概率都非常大时，环境破坏的风险也自然被认为很大。

目前看来，要消除坏境破坏中的最严重风险几乎不可能，因为人口增长和气候变化都在加剧该问题。如同涉及气候变化一样，我们能做到仅仅是用一些合理的成本和牺牲，最大程度地限制这些风险的加剧。

具体的风险评估——政治暴力

有组织的政治暴力是继气候变化和环境破坏后，人类面临的最大威胁。其潜在的损害也被认为是非常大的。

这些潜在损害发生的概率很难确定，但无疑是无法忽略的。要用数字准确预测第三次世界大战几乎是不可能的，但是暴力和威胁激发了恐惧和仇恨，而这两种情感都是非常危险的，特别是对于那些拥有核武器的国家的领导者来说。以上这些与其他一些不幸或是所谓的人为因素组合在一起，足以彻底摧毁一部分人类社会。我们都知道，往往总是人为因素导致那些最为复杂和精密的科技产品和安全系统的失败。而在当今的政治体系中，无论是国家层面还是国际社会层面，都没有架构完美的系统，同时都完全由人为因素主导。

……暴力和威胁激发了恐惧和仇恨，而这两种情感都是非常危险的，特别是对于那些拥有核武器的国家的领导者来说。这些与一些不幸或是所谓的人为因素组合在一起，足以彻底摧毁一部分人类社会。

3. 被遗忘的风险评估

第二次世界大战后的大规模杀伤性武器

曾经两度一触即发

第二次世界大战之后，所有人都意识到人类需要尽全力避免第三次世界大战的发生。随着原子弹技术的发展，没有任何一个国家可以承受大规模战争的结果。60年之后，我们必须承认核武器已经更加有杀伤力，更加有效，也更令人恐惧。其他如大规模生化武器也是如此，它们被称为"穷人的核武器"。

"二战"后，化学武器（芥子气和神经毒气）在一些小规模的内战和恐怖袭击中被采用，包括1995年的东京地铁袭击事件。后来在2009年10月有报道称，中国曾两次在朝鲜边境上发现空气中有神经毒气沙林的踪影，以致其加紧了边境安全巡逻。

值得肯定的是，无论是核武器或者是生物武器都没有在"二战"后使用过。但是，世界曾经有两次差点陷入了核战争。

其中**第一次事件**是古巴导弹危机，1962年10月美国的侦察机发现古巴几乎已经完成了核武器中程导弹的发射台。美国战舰包围了古巴，并阻止苏联舰队向其运输导弹。肯尼迪总统请求拆除发射台，并警告说，来自古巴的导弹发射将被认为是苏联对美国的进攻，美国将还以大规模报复。最后苏联作出退让，按照美国要求拆除了发射台，但要求美国保证古巴不受到袭击。

第二次事件是1983年9月26日，那时的美苏两国关系又趋于紧张。在莫斯科郊外的一个军事监控中心，突然响起了警报，电脑安全系统显示有五枚洲际导弹正从美国飞向苏联境内。根据规定，当时正值勤的陆军中校斯坦尼斯拉夫·彼得罗夫应立即传递这个警报。但是他没有那么做，因为他判定美国不会仅仅发射五枚导弹来发动一个袭击。他认为这个警报是由于技术故障所引起的，所以没有按下传递警报信号的按键。他是正确的。事后证明是太阳射线反射至云层造成的，而苏联系统则将其认为是导弹信号。彼得罗夫的正确判断挽救了局面，并可能防止了一场大规模的核战争。但是由于违反规定，他被迫提前退休。这个事件在1998年才被首次公开。

大规模杀伤性武器的威胁是非常大的，更是难以预测和控制的。当爱因斯坦一次被问起第三次世界大战中会使用何种武器时，他说："我不知道，但是第四次世界大战肯定是用木棍和石头。"

■ 人类风险与全球治理 | The Greatest Challenges of Our Time

拥有可以摧毁主要城市及小型国家的核武器的国家数量越来越多。这张照片拍摄于日本的广岛，1945年第一颗原子弹爆炸将其夷为平地。（图片：Alfred Eisenstaedt/Pix Inc./Time & Life Pictures/Getty）

3. 被遗忘的风险评估

大规模杀伤性武器的传播

如同环境威胁一样，随着科技的发展和大规模杀伤性武器的扩散，风险也持续增长。尽管经历了很多国际谈判和协商，拥有核武器的国家数量仍在陆续增多。在那些宗教领袖参与政治治理，又同时掌握大规模杀伤性武器的国家，更构成一个特殊的风险。这些领袖可以对他们的信徒产生很大影响，特别是对于其来生的期望，这一点与曾经在冷战中较量的东西方的观点是完全不同的。因此这样的风险被认为是非常巨大的，此外，它们爆发的时间点是不可预测的。

在采用大规模杀伤性武器的今天，我们可以消除战争的风险吗？

以目前的世界秩序来看，我们不可能做到。直到今天，争论的焦点还是裁减核武器协定和限制核武器的更多扩散。但以上两者都毫无结果，随时可能有奇袭发生。在一个没有核武器的世界，美国由于其独有和传统的军事力量，无疑将超越其他国家。而其他国家试图防御美国的唯一方法就是威胁美国，说其自身拥有核武器。所以，只要有一个核武器国家怀疑美国的动机和政治目标，那么所谓的裁减核武器协定就注定要失败。

因此，无论采用什么武器，唯一的消除核武器和第三次世界大战爆发的方法就是完全停止政治暴力。这意味着需要整体裁军，并同时重塑全球秩序，包括建立一个和平系统以解决国家和宗教团体之间的争端。

裁军是巨大的节约

实现所谓"乌托邦"的可能性我们将在第六章中进行讨论。这里，我们要指出的是为了消除战争和武器风险所需要作出的牺牲,显然与解决人类其他超级难题所作出的牺牲完全不同。例如,我们要解决环境破坏和贫穷问题,成本是很高的,特别是在工业化国家,涉及气候变化问题的成本会更高。但是要消除政治暴力的最坏结果,恰恰相反,并不需要经济上的牺牲。而如果我们可以成功建立一个国际新秩序,我们就可以为世界节约巨大的财富,保守估计为每年1万亿美元。每一个人都会是赢家——至少在经济层面。

裁军就像去参加一个派对,没有人愿意比其他人早到。

——《变化的时代》

具体的风险评估——贫穷

正如在之前章节所提到的,贫穷也与重大的潜在损害相关联,但它与其他威胁还不属于同一个类型。

其损害发生的几率非常大,因此,其风险也被认为是巨大的。但是相比于人类面临的其他挑战,贫穷已经导致了一些问题——超过十亿的人在受难或过早的死亡——比未来的风险更加让人感到沉重。

消除贫困及其风险的最大障碍并不是经济上的,而是政治上的。因此,识别出实施必要措施所需要的牺牲变得非常困难,甚至几乎不可能。但是,在这种情况下,要采取一些必要且适当的措施需付出的代价不会太高。

3. 被遗忘的风险评估

政治暴力每年使数以百万计的人们受害。这张照片显示了在21世纪初期,利比里亚内战的难民。(图片:Gamma/IBL)

小　结

　　这次就人类所处风险的讨论产生的综合结果并不乐观。我们已经陷入了一个非常危险的境地。我们处在一个危险区域，而各种类型和规模的灾难都是人类之前所从未经历过的。这些问题是短期长期逐渐积累起来的，没有一个是突然出现的。当问题还比较小的时候，我们本可以早一点解决，或者至少通过适当的措施限制其发展。但相反，我们允许其不断增大，到今天已经变成了威胁人类基本利益的严重风险。我们如何并且为什么走到了这一步？这些问题希望在下一章节中能有所解答。

> 我们最擅长的是自欺欺人，因为我们总是愿意相信我们所希望的。
>
> ——德摩斯梯尼

4. 三种无形的解释性因素

> 两种事物是无极限的,宇宙和人类的愚蠢,但我不确定的是宇宙无限的问题。
>
> ——阿尔伯特·爱因斯坦

关于人类如何走到今天这种极其脆弱的境地,有一大堆的解释。有不少书籍也讨论了这个主题。在本章我们只关注三个相关的背后的解释性因素。这三种情况既是目前问题的主要原因,也是目前风险规避和解决问题的主要障碍。

我们如何能成功地克服这些"情况"的发生对人类未来的发展具有决定性的意义。这些"情况"分别是:

- 人口持续快速的增长;
- 世界民族国家过于强调主权;
- 公众和政客对问题缺乏认知,思想有错误,判断有偏差。

这三种情况在很大程度上互相关联,且有一个共同特点:即没有在政治议程上受到足够的重视,即使被列在议程上,也很少在公众辩论中被提及。因此,我们可以看看,当我们面临这个时代最大的挑战时,这些因素将如何影响人类的处境。

淡水对人类生存和人类福利而言至关重要。不幸的是,水资源在地理上是不均衡分布的,已成为大约25亿人的稀缺资源。(图片:Scanpix)

人口爆炸——一个隐秘的问题

正如之前所提到的,地球的人口目前正在以每年1.2%的比例增长,如果继续保持这样的增长,人口总数将在两代人(准确地说是在58年)后翻番。

人口爆炸是导致气候变化的主要原因之一,它对该过程也起到了加速的作用。举例来说,持续增长的人口增加了能源的消耗和肉食的生产,相应地增加了对农耕土地和牧场的需求,其后果就是森林采伐的加剧和温室气体排放的增加。

其他的环境损害,即我们面临的第二个大问题,也受到了人口增长的影响。例如,当人口增长时,人类目前过度使用的可再生资源的人均占有量自然会下降。人类面临着食物短缺的威胁,以及更加严重的水资源短缺。人口增加的其他后果将是更多的污染、对自然的进一步破坏和生物多样性的加速消失。

此外,人口的急剧增长会将一些原本正常情况下有用和合理的事物转变为负面的、或纯粹危险的。比如科技进步和生活水平的提高,对人类有利,但也增加了对能源和自然资源的需求。如果这些正常情况下积极的进步与巨大的人口增长同时出现,将导致严重的环境破坏。

由于都在争夺所剩不多的资源,急剧的人口增长还加剧了民族和国家之间的敌对情绪。这些会导致政治稳定性下降,政治暴力的风险增加。1994年发生在卢旺达的种族屠杀就是一个血淋淋的例子。

最后需要说明的一点就是,人口爆炸是导致贫穷的最重要原因,而贫穷和人口增长共同形成了恶性循环。一块农田可以维持一个家庭的基本生活,但是当这些农田被分成多份,由很多儿女继承时，似乎各个小家庭的生活就难以为继了。这种结果导致更多的贫穷在大城市郊区的农场和棚户区出现。在某些国家，特别是在非洲南部的一些国家，用于对抗贫困的措施往往被人口的增长所抵消了，以至于尽管贫困人口比例下降了，但实际的贫困人口在持续上升。

值得注意的是，大部分问题不会与人口同步增长，而是比人口增长快得多。如果一个区域里起初有10%的水资源短缺——也就是说，有10%的水资源需求不能得到满足——同时如果该地区的人口增速为50%，则意味着水资源短缺将以500%的增幅达到60%。

人口爆炸出现不利结果的原因是什么，为什么我们不采取严厉的措施去制止这种增长呢（在中国实行的计划生育政策是个例外）？

贫穷国家人口快速增长的最重要原因之一，看来正是其自身贫穷伴随的低教育水平，以及因为无知、和/或者传统观念，还有宗教原因导致的缺乏计划生育。

在许多发展中国家，性别不平等也在很大程度上导致了高生育率。一方面，许多年轻女性的怀孕是违背自身意愿的，另一方面，许多父母重男轻女，会选择在有足够多的男孩之前一直生孩子。发展中国家妇女的高失业率也在某种程度上导致了高生育率。

在最初讨论这个问题时，我们提到人类面临的四个超级问题背后有三个紧密相关的关键性解释性因素。人口爆炸——隐形的、很少被提及的角色——支持了这个判断。对问题缺乏认识、错误的思想和有偏差的判断是导致政治领导者从未严肃地阻止某些国家的人口极其快速增长的主要原因，尽管人口增长已经形成了很多严重问题。

具体来说，我们可以指出一些可能的原因：

● 大众低估了人口增长的意义，有些人甚至认为其发展是正面的。还有些人认为人口增长可以扩大市场需求。

● 很多人认为要求和采取措施抑制人口增长在政治上并不正确，有些人认为生育更多的子女是一种人权。

● 政治家认为人口增长是一种自然现象，只能接受，人类是无能为力的。

现今世界政治体系中的主权国家制度也从某种程度上促进了人口的增长，因为这种主权体系可以有效避免外界对其人口增长的干扰。目前所有国家都认为人口增长和高生育率是国内事务。

地球上能允许多少人生存，拥有良好生活条件的同时与环境和谐共处，显然现在还没有人知道答案。答案取决于农业技术的发展、未来能源和水资源的供应，"良好生活条件"的定义，以及气候变化的后果。然而就目前的知识和科技而言，我们很清楚无法长期为目前的人口提供"富裕"国家居民已习惯、所有其他人争取获得的生活水平。这意味着，唯一理性的发展就是调整现有的人口数量以适应现有和未来的发展机遇。任其自由发展无疑是一种冒险的做法。

如果继续发展下去，人口爆炸可能成为人类被巨大灾难毁灭的一个主要原因。

过度的主权国家——一个古老的系统

这个世界太强调主权国家，这是我们时代最大挑战的第二个解释性原因,可以被称为"缺乏全球法治秩序"。在现实中,这是一个硬币的两个面。现存的世界政治体系对当前这个剧变的时代和逐步国际化的社会而言既古老又低效。

由于缺乏一个超国家的决策机构,我们试图通过国家间的自愿协议去解决争端。不幸的是,这个系统有几个主要的弱点:

- 谈判拖延,而在此期间,问题和风险都更加严重。
- 国家利益控制谈判过程,结果往往无法令人满意。
- 当系统缺乏制裁时,某些国家因当前的系统缺乏制裁机制而选择违约的风险很大。

> 只有当个人做事是出于所有人的利益时,人类的救赎才可实现。
>
> ——亚历山大·索泽恩斯

所有的全球超级问题都受这些弱点和这个系统的影响,国家间过度强调的主权也制造了新的负面问题。例如,大部分环境污染问题一般都被认为是国家内部问题——如森林砍伐和二氧化碳排放,都加速了气候变化——尽管事实上全球都受其影响。

显然,完整的主权国家也无法停止政治暴力。而且如果没有一个全球法治秩序,也无法制止大规模杀伤性武器的扩散。

国家的主权化也不利于解决贫困问题。部分工业化国家长期以来实施贸易补贴和贸易保护政策,并且仍在继续,在没有全球治理的情况下无法制止这种行为。另一个过度主权化的结

4. 三种无形的解释性因素

咸海，曾是世界第四大湖，其五分之四的湖水已经流失，人类试图控制大自然，却在这里变成了巨大的环境问题。（图片：Scanpix）

果就是对贫困国家的国际援助往往很难协调，且经常被援助国的私利左右。

根据现实情况对全球政治体系进行调整，远比控制人口增长更加复杂和耗时，但是二者同样重要！

对问题不充分的认知——实施必要措施的障碍

对问题的认知不足、错误的思想和有偏差的判断是当代重大挑战的第三个解释性因素。这个因素是无形的，主要是隐藏在我们的自身意识里，但毫无疑问，它对引发四大超级问题也有贡献。

对生态系统缺乏知识使得我们难以预见自身活动带来的后果——而当我们最后注意到结果时，我们可能已经在危险区域里了。气候变化就是个例子。

缺乏危机意识，以及错误估计或低估问题和风险，往往是由认知不足造成的，这归因于对问题缺乏兴趣，但也有可能因为专家和政治领袖们淡化了那些最大的风险。那些政治领导人不愿意认识到风险的所有方面并有所作为，其中一个原因是他们无法实施非常有效的措施。另一个原因是政治家或专家并不希望吓坏公众，而更愿意去麻痹他们。如此这般，可以实施的相关措施越来越少。

对核战争风险的低估可能是因为在"二战"后核武器已经有60年未被使用。这可能会让人产生一种错误的安全感。但是在冷战期间美国和苏联的恐怖角力，曾几乎使第三次世界大战一触即发（可见前面的扩展阅读"曾经两度一触即发"）。

愿景式思考也落在同一个范畴。其中一种异想天开就是认为政治家可以解决所有问题。另一种也是最常见的自欺欺人，就是认为可怕的事情肯定不会发生在我和我的孩子们身上。

有偏差的判断会造成重大伤害并形成可怕的危险。例如，采用短期的和国家主义的决策，而非长期和考虑全球影响的决策，就是一种误断。另一个例子是对不切实际或令人高度怀疑的解决方案的信任，如认为经济增长或科技的快速发展会解决气候和贫困问题。忽略对生态系统可能损害的经济计算方法也是一种误断。

因此，公众对这些全球问题的正确理解和合理思考，是将未来风险最小化的真正要素。事实上，只有当他们理解这一点时，才有可能在政治上限制这些国家的主权和人口增长——这两个问题是解决这四大超级问题最大的绊脚石。最后，公众对四大超级问题以及与之密切相关的风险的认知，是解决全球问题的关键。

下一页标题为"新国际社会的最大问题和风险——相关性及其原因"的大图表就试图去解释我们的这几大超级问题是如何在新国际社会中交织在一起的。

最大的困难并不是让人们接受新思想，而是去摈弃那些旧思想。

——约翰·M. 凯恩斯

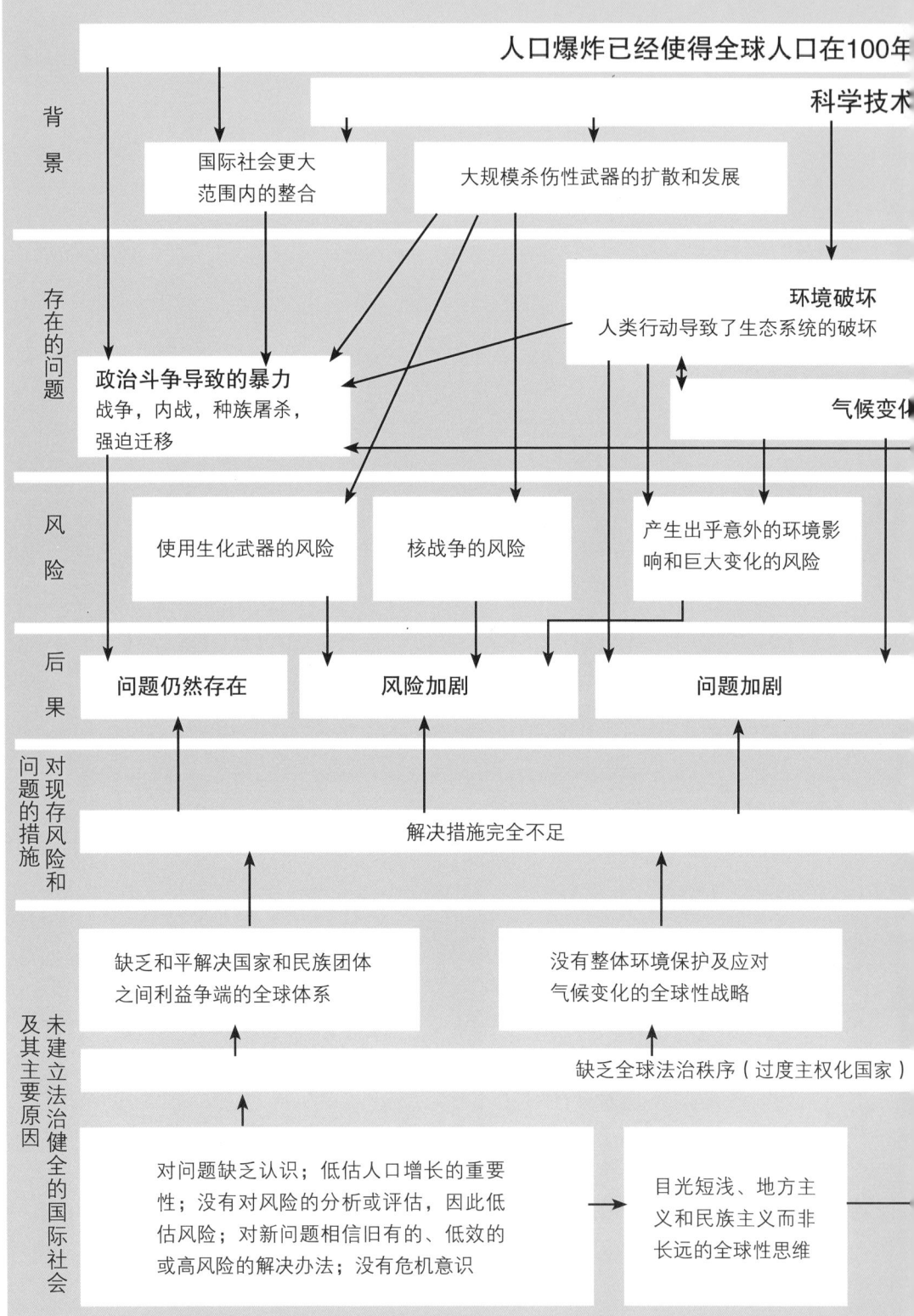

——相关性及其原因横列

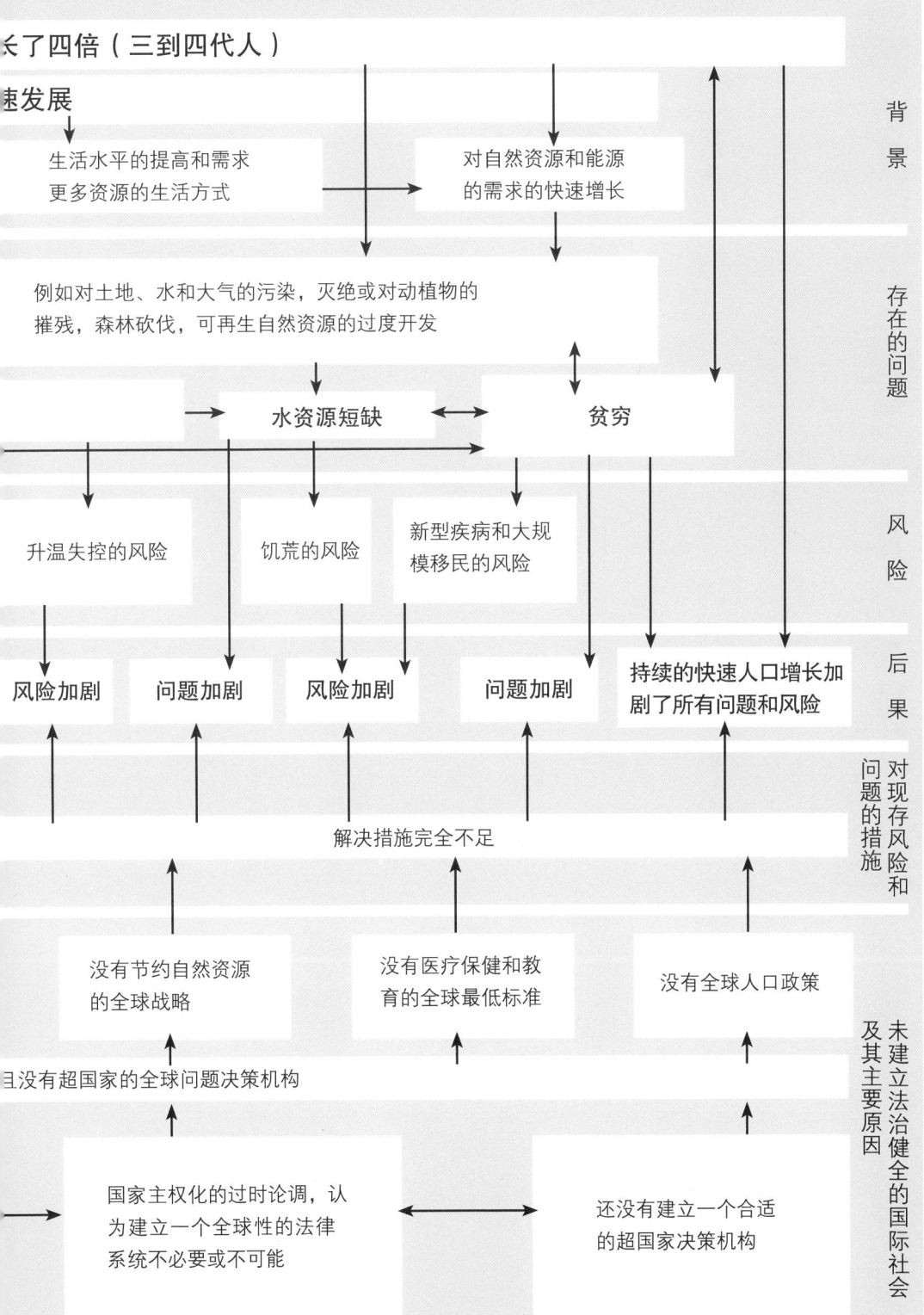

5. 困难但必要的措施

> 一个人通过尝试不可能的事情，可以实现最高层次的可能。
>
> ——奥古斯塔·斯特林堡

现有的研究及风险评估的结论表明，我们面临的四大超级问题会成为部分乃至全人类的灾难性问题，至少涉及气候变化和政治暴力时，我们必须承认人类已经处于危险区域，而且风险每天都在增长。

要安全地解决这些问题，我们不仅需要有效的措施，而且还需要点儿运气。采取措施越晚，运气的成分就越大，人类的未来就越不确定。目前的前途看来并不光明，因为：

- 全球问题只能通过全球性措施来解决；
- 但全球性措施需要全球决策；
- 全球决策只能由超国家的决策机构做出；
- 但截止到今天还没有一个有效的超国家决策机构存在。

一个理想的图景是，全世界的领导人能成功地创建一个超越国家的、被广泛接受的决策机构来解决全球性问题。这首先需要一个全球法治体系。但是，要创建这样一个法治体系需

5. 困难但必要的措施

人口增长是导致贫困的主要原因。贫困和人口增长共同构成了一个恶性循环。（图片：Scanpix）

要多年时间，即使等到所有国家都具备这一意愿也需要很长时间。目前看来，世界各国根本未对这个问题形成过一致看法。

目前人类面临的所有威胁都应立即解决，因为任何拖延都会提升威胁背后的风险。今天的决策条件并不充分，决策流程也已过时，但领导人们必须妥协，继续协商，找到最可能的理性的措施。与此同时，他们必须努力找到长远的、可持续的解决方案，为尽快尽可能地创建一个全球法治体系贡献出重要资源。而且，这项工作必须从多个方面同时推进，避免出现无法弥补的错误。

采取的措施应该或者解决具体问题，或者解决此前几章中探讨的那些隐性因素。

具体问题的措施

当谈到气候变化时，不只是著名的《斯特恩报告》的作者尼古拉斯·斯特恩先生，而是所有的专家都在强调，全球共识、多边框架和协调行动是成功的决定性因素。然而，如何在现有的世界政治体系框架内实施这些富有成果并绝对必要的合作，我们还缺乏实践性的指导。因此，现在的一个核心问题就是我们如何能够增加机会，使传统的气候谈判能达成更理性的决定和更有效的对策。我相信，下面两个行动值得一试。

第一，政治领导人应要求科学家对现有的主要问题作出风险评估。也就是说，科学家们要经过调查得出结论，说明气候变化能带来的最严重的潜在危害有哪些，同时评估出这些危害发生的可能性。我不认为专家们基于科学实验和科学知识得出的结论会偏离我先前提到的关于风险维度的简单分析。这类专业风险评估应能在领导者和公众心目中获得更大的信任。可信性对实施长期并可能痛苦的政治决策来减缓气候变化的威胁具有决定性意义。

第二，针对共同的基本问题，公众要在本国以及国与国之间进行研究和深入的讨论。这对国际谈判和公众对气候措施的态度有着重大的实际意义。至少以下三个问题需要得到充分讨论：

1. 如何真正界定气候政策的目标？
2. 多大的牺牲或成本（包含如何进行投资和利用资源）才能合理地限制气候风险？
3. 气候措施的成本（牺牲）该如何在国与国之间公正地分担？

这三个问题自然是紧密联系在一起的，但为了简明起见，在这里分开讨论。

气候政策的目标应该格外仔细地研究。对这一问题，近年来，领导者们得到了一个简单却危险的答案。称全球变暖不应该超过某一限度，目前而言是2℃。这样一来，人类便期望着能避免遭受毁灭性气候灾难带来的伤害。

这样一个目标实际上是不合理的，原因有四，其中三个已经在风险评估中提到了，这里有必要再重复一次：

● 我们不知道气温升高到何种程度才会导致灾难性的气候灾害。如前所述，这个问题有着极大的不确定性。气温增长高于历史水平2℃的概率不容忽视，但也有可能低于这个水平。

● 我们不知道何种温室气体浓度能够引起特定的气温上升。

● 我们不知道多大的排放量（这是我们唯一可以影响的因素）会产生特定的温室气体浓度。

缺少精确的气候目标的第四个原因是，它会麻痹公众使其产生一种虚假的安全感。那些认为温度如果没有上升到最大值2℃或升温维持在2℃以下就不会有气候灾害发生的看法是极其错误的。

在预防超大灾害的目标下，为了能计算出允许范围内的最大排放量，我们不得不相信一些在以上三点中显然是不确定地被估计出的平均值。至少可以说这是非常令人遗憾的，因为错误的累积意味着，全人类的核心问题面临非常大的、未被计入的风险。这就要求有其他的解决方法。

考虑到我们人类不可能消除气候灾难危险的增加，只能减少增加的速度，我们最显然的目标就应是把危险降到最低。

在实际中，这意味着我们要尽可能最大限度地减少排放——但条件是，我们不能损害我们不打算牺牲掉的利益来把灾害危险降低。定义这些利益肯定需要经过长期的、艰苦的讨论，但如果通过这一过程能让公众更深刻地理解哪些价值受到威胁、拯救措施有何成本，也许会换来更有效的措施。换句话说：降低极端灾害的风险。

到这里，我们需要进入下一个问题。

多大的牺牲是合理的？这个问题其实等同于一个可靠的风险评估中的最后一步，因此应该在之前已完成的风险评估的基础上进行讨论。

但是不管风险评估是否已经作出，也不管气候政策措施的目标是如何制订的，合理牺牲的问题仍然涉及几个道德层面的问题。一方面，这是个事实问题，可常识性地在现实和知识的基础上进行讨论；而从另一方面来看，这是个评估问题，无法根据事实依据作决定，因此也没有什么绝对"正确"的答案。

5. 困难但必要的措施

公众对潜在损害的大小、可忽略几率的界线以及可牺牲价值的理解会有着明显的不同，这些不同取决于多个因素。例如，我们对风险规避的程度是不同的；我们对发生在50年或500年之后的潜在危害的态度是不同的；我们对物质生活水平降低后带来的负面影响的感受是不同的；不同年龄的认识也有不同。例如，一个十几岁的少年切身经受气候变化损害的几率很大，因此也更愿意为气候措施支付成本，而一个80岁的老人只是跟着付一部分账单。显然，人们作出牺牲以降低危险的积极性，取决于他们的子孙是否受到威胁，或者未知的后代是否受到威胁。

因此，我们不能指望大家对这种价值判断作出普遍认同，即使处在同一个国家中的人也不能。不过，给公众提供最充足的、合理的背景和知识，让其从事实和价值两个方面充分理解这一问题显然是非常重要的。通常，这会增加获得大多数人同意的可能性，甚至能够为必要的、有分量的政治决策赢得认同。

为了限制气候风险，更为困难的是要在国家之间就多大的牺牲是合理的这一问题达成共识。关于总成本的某些坚定的想法很可能会受到下一个问题的答案的影响：成本应该如何公平地分担？

> **从世界历史的主要事件来看，到目前为止，正义总是处于劣势。**
>
> ——沃尔特·惠特曼

西方的道德责任

谈到如何公平分摊气候措施的成本时,需要考虑到工业国家的道德责任。问题是,怎样做到公平。到目前为止,大气中的二氧化碳含量的增加,富裕国家的责任最大。贫穷国家和富裕国家之间的人均排放量的差异非常大,即使到了今天,也是如此。同时,全球变暖从根本上讲,对贫穷国家的伤害更快、更严重,这些国家已经、正在或即将受到伤害。关于这个问题,富裕国家必须经过长期的深入讨论,才能作出明智的政治决断。即使如此,我们也不能期望全体达成一致,不管是在国内还是国际上。

最好的情况是,随着对气候变化危险性加剧的深入了解,在不久的将来,一个超国家的决策机构将会诞生,专门来解决气候问题。

如果最好的情况不出现,而且人类的好运气丢失,不再受到未知生态系统的影响或者获得突破性的技术革新,那么只有在两种情形下,领导者们才会团结起来,形成合理有效的全球气候方案。一种是世界公民——也许特别是年轻人——对气候变化有了更深入的了解之后,迫使领导人改变他们的策略;另一种是发生一场能惊醒所有人的大灾难,当然这场灾难必须是由气候变化引起的。

聚焦工业国家的生活方式

然而,从短期和中期来看,应对气候变化之路一点也不光明。2009年12月,在哥本哈根举行的国际气候谈判大会非常失败。同样,2010年11月墨西哥坎昆的会议也很失败,没有针对

5. 困难但必要的措施

目前的困境：燃煤电厂仍是工业国家的主要电力支撑，但是也因为其巨大的二氧化碳排放量，成为破坏环境的主要来源之一。图片显示的是德国叶许瓦尔德的燃煤电厂。（图片：Sean Gallup/All Over Press Sweden）

减排量问题达成具约束力的承诺。就目前情况来看，在今后的首脑会议上达成令人满意的谈判结果的希望很渺茫。为就不充分但仍然重要的措施达成一致，工业国家还必须作好付出巨大"代价"的准备——从长期来看甚至还需要作出改变现有生活方式的牺牲。这是一个非常关键的问题。工业国家的谈判立场是非常不乐观的。寄期望于将有效的气候措施和旧格局下的持续经济增长结合在一起，至少从中期的角度来看，这种想法过于乐观，甚至有些天真了。快速切换到清洁能源需要庞大的开支，在能源和气候研究方面的投资需要超过目前的许多倍。解决气候问题的公平有效的全球计划，需要将庞大的资源从富国向穷国转移，要么对发展中国家的气候措施提供经济补贴，要么为所谓的排放权作出补偿。不管我们如何乐观，我们必须意识到，如果工业化国家不能大幅度降低消费，这种平衡就无法实现。

从长期来看，经济核算变得更有希望。巨大的资本转移是使得贫穷国家站起来的一个决定性因素。如此一来，不仅发达国家和发展中国家之间的巨大收入差距会缩小，而且目前被大量浪费的人力资源也会进入世界经济并得以利用。

当涉及人类的第二个超级问题——环境破坏（不包括气候变化）时，也需要一个所有国家都参与的、具约束性的法规框架，以制定有效的措施。然而问题是，当环境破坏仍正式地被作为一个主权国家的内政考虑时，有可能制止那许多损坏环境的活动吗？

在现有的情况下，政治领导人通过多边协议得以放缓最具毁灭性的环境破坏行为，如砍伐森林和过度捕鱼。为了缓解贫穷国家的环境问题，工业化国家有必要提供经济援助以"为环境买自由"。

另一种可取的也应是容易达成共识的措施是，环境影响应该以与现有方式完全不同的方式来进行经济核算。（见知识框，标题为"经济增长与环境——误导性定价"，84页）

加强生态研究，以及为许多发展中国家的水供给提供必要的援助，均在"愿望清单"上排位相当靠前。但像其他领域中的问题一样，真正的问题在于成本在国际社会中如何分担？

涉及政治暴力事件，如果没有一个全球的法治体系，我们很难看到任何可以消除大规模杀伤性武器带来的风险的永久性解决方案。等待着这样的方案出现时，政治领导人将需要尝试所有可以减少暴力和风险的局部解决方案并进行调整。

在我们成功遏制最贫穷国家急速增长的人口之前，想要解决贫困问题是不太可能的。但是行动措施应该比现有的措施更强有力，例如，在联合国框架内的协调努力下的援助应更加有效。然而，目前的援助计划更多地服务于捐助国自身利益，而不是接受国的需求。捐助国还需要一个共同战略应对"流氓国家"和腐败透顶的领导人，这对所涉及国家的人民来说意义重大。

从来没有好的战争，也从来没有坏的和平。

——本杰明·富兰克林

经济增长与环境

误导性定价

每个人都渴望尽可能好的生活质量。很多人通过改善物质生活水平达到这一目标。从历史上看，国民生产总值（GNP）的增加与高质量的物质生活水平成明显的正比关系。这大概解释了为什么每位经济学家和政客都鼓吹尽一切努力增加国民生产总值。但是我们似乎忘记了，当自然资源被过度利用时国民生产总值会给出错误的信息，当人类破坏生态系统时则根本没有信号。因此，当国民生产总值以破坏我们最重要的利益来实现增长时，那么这种增长本身就是有害的。

当然，我们可以通过指出国民经济核算中的缺点来影响这方面的发展。例如，我们可以呼吁工商业领袖将因他们的经济决策给生态系统带来的破坏计算在内。不幸的是，无论经济学家还是商务人士，都没能就这个问题作出更多贡献。市场经济由资本、收益和成本等要素支配，而且市场经济的效率就是竞争者的效率。因此，要求企业家在他们的核算中加入环境有效因素是徒劳的，因为自然界免费提供资源又没有市场价格，破坏生态也没人要求赔偿。如果负责任的企业仍然想遵从考虑环境的道德呼吁，那么他们会面临被竞争出局的危险。

因此，节约自然资源、保护生态环境是社会的责任和义务。这个任务并不轻松，但是不能推卸，也是职责所在。在科学家和经济学家的帮助下，政治领导人必须制定规则，在不会对人们的生活生产条件产生不利影响的前提下限定开发和利用自然资源的程度和方式。政治决定应该禁止或惩罚那些不遵守规则的行为和企业。这当然也适用于为工商业制定规则，如可能出现的反垄断。因此政客们必须通过税费为自然资源（包括可再生资源和不可再生资源）定价，规定哪些开采是受到限制的。这意味着，合理的产品价格还应包括产品和废物处理的成本，以保证自然不会被破坏。当然最重要的是，这些禁令和税费应平等运用于各国的各个竞争者。因此从全球长期视角来看，这也是一个必须解决的问题。

处理紧密相连问题的措施

在前面的章节中,我们介绍了人类超级问题背后几个紧密相连的解释性因素。处理这些"状况"的紧迫性是很明显的,因为它们往往阻碍重大的全局问题的顺利解决。

例如,对于快速的人口增长,可以做些什么?事实上,解决措施的关键可能在于公众对该问题的理解和态度。因此,全球公众在短时间内必须不仅意识到前面所述人口爆炸的危险后果,还应该了解:

● 人口快速增长不是任何国家的"内部问题",而是可以损害到人类最重要利益的事情;

● 生两个以上的孩子,不能被看做是人权;

● 如果所有人都按照工业化国家的生活标准,地球上的资源根本难以满足现有人口的需求,如果世界人口增加数十亿,两代人以内情况就会变得更糟糕;

● 我们不能指望最贫穷国家的人们继续接受过着比工业化国家资源少得多的生活;

● 按照工业化国家的水平,平均寿命"正常化"将导致地球人口从今天的68亿增加到80亿。

由政治倡导这样的一个启蒙运动是不现实的,那就会打破从前对待这个问题无动于衷的态度模式。相反,在政治领导人最终将这个问题提上国际议程之前,公众首先必须清楚地意识到人口增长的巨大危险,然后开始对应对措施提出要求。

只有这样,我们才能寄希望于名副其实的行动方案,即富国的谈判者与经济快速发展国家的同事达成一致,共同在教育、改善卫生保健、增加妇女就业、计划生育等其他遏制出生率的领域采取最有效的措施。

信息作为变革力量

解决问题的第一步往往是真正意识到问题的存在。

在前一章末尾以及前段文字分析到人口增长时，我们发现公众对全球大型危机缺乏了解，直接或间接地构成长期有效解决这些问题的最大障碍。

这很容易理解，但很难快速采取预防措施，尤其是当问题和风险持续增长时。研究人员、科学家、各级教育工作者、各类媒体的新闻从业人员、博客写手和所有在网上网下讨论问题的公众在这里面临着一个极其重要的任务。

公众应获得关于威胁人类的重要问题和风险的相关的并易于理解的信息，这个主要责任仍然落在政治领导人们的肩上。一个运作良好的民主体系取决于大多数民众对最重要问题的理解，尤其当那些合理的、长期的解决方案需要令人不快的措施时。否则，政府和当局要么很难作出令人满意的决策，甚至决策都可能导致灾难；要么面临国家危机，可能被不理智的政客和权力饥渴的民粹主义者推翻。

众所周知的是，民主的政治体制并不保证总能作出正确的政治决定。这种体制的薄弱点是，在危急时刻依赖于大多数人意见的质量。我们不能轻松地说，我们拥有世界上最好的政治制度，而无视这种体制的缺点和风险。相反，我们必须充分认识和理解这种风险，并设法消除它们，至少尽最大努力减少。我们必须尽可能增强公众对社会面临的最重要问题的理解和基本知识。也许，最有效的方法是，让公众公开辩论这些问题，更富激情、更有条理、更具导向，这样做也使问题变得更有趣、更广为人知，而且更有意义。

5. 困难但必要的措施

当风险真的存在时，具备风险意识是很有必要、且有益的。这不会麻痹公众，而能使公众做好准备采取一切可能的措施挽救处于危亡中的自己。风险意识实际上是使公众接受并采取必要措施以应对灾难威胁的一种先决条件。涉及气候变化，这方面的沟通交流存在很大的缺陷。对不同减排策略下的风险展开简明有力的讨论，应该能够增强人们对这个问题的意识，并增强采取更有力措施的意愿。

关于目前正在解决中的最严重的全球问题，我们一边努力搜集信息，一边在国家和国际层面进行重要谈判与决策，但我们首先要努力的一个重要方向是，必须要开始弱化民族主权这样一个概念，以求达到一个合理、无害的水平，这是一个漫长而艰难的过程。或者，换句话说，建立一个全球法治秩序。

下面的章节将会讨论新的世界秩序意味着什么，以及在可预见的未来是否可以使这样一个全球项目达到目标。

今日的思考不同于昨日，这个能力区分明智和顽固。

——约翰·斯坦贝克

6. 全球法治——迟早的事

我们不能用产生问题的同一思维来解决问题。

——阿尔伯特·爱因斯坦

这个世界必须有一个有效的全球法治秩序根本不是什么新的概念。例如，第一次世界大战后，国际联盟成立，但后来证明这是一次失败的尝试。第二次世界大战后成立了联合国，同样未能获得达成其任务需要的决策权或权威。

因此，当前一个明确的核心问题是人类是否能够在可预见的未来成功地创建一个名副其实的全球法治秩序。

我不知道人类能否成功，但我知道这是必要的。

我同样相信它迟早会到来，希望能在一切已经太晚之前制定一个全球性的、有效的行动计划来应对当今重大的全球性挑战。所有相关国家都应当尊重和遵守这项行动计划。

我也确信那些能够成功实现一个有效的全球法治秩序的政治领导人将被视为历史上最重要的政治家。

当今，不论愿意与否，我们都生活在一个全球化的国际社会之中。因此，所有国家的人民都会受到他国国民行为的影响，而且，这不单单只是在涉及重大问题的时候才会发生。例如，由这次金融危机带来对外援助的缩减有可能致使贫穷国家每年超过30多万的儿童死亡。

6. 全球法治——迟早的事

今天的联合国已无法处理国际社会所面临的挑战。因此，该机构必须从根本上进行改革。（图片：IBL）

贫穷国家的森林砍伐会威胁气候变化政策措施的效果。人口持续增长会导致粮食短缺、更大的气候危机以及国际冲突，等等。

民族国家无限制的主权在当今看来是过时的和难以维持的。政治不稳定、制度缺乏或不可用等一些发展中国家存在的典型问题，毫不奇怪地威胁着新形成的、尚不完善的世界共同体。因此，我们很有理由认定新兴的国际社会仍然是不文明的、无能为力的和不道德的。

之所以说是不文明的，是因为既然没有全球性的法律、法院和执法机构，国家之间的利益冲突往往要通过暴力方式解决。

—089

之所以说是无能为力的，是因为没有相关的决策机构来解决人类的全球性问题。

之所以说是不道德的，是因为国际社会允许很多人死于贫困或极端困苦的生活。

谁会愿意生活在一个类似我们国际社会的民族国家里？那意味着，例如在中国的我们要忍受靠强力或经济实力决定法律纠纷，超过十分之一的人口因贫困而长期营养不良，每年有30万5岁以下的儿童死于同一个原因。在本国范围内我们生活在法治社会里，但在全球范围内，我们生活在一个没有（或者近乎没有）法律的社会。

必要的模块构建

一个全球性的法治秩序是什么意思呢？首先，必须强调的是这绝不意味着去企图创造某种如美国类型的世界合众国。这是不切实际的，因为不同国家的语言、文化、经济和政治制度存在巨大的差异。现在的目标应该是尽快建立一个超国家的决策机构来应对人类的共同问题，而且可以为全球社会奠定基础。这个全球社会不仅在安全上是现存制度无法比拟的，而且更像是绝大多数民族的理想社会。

下面的构建模块是必要的：

● 一个为全球和国家间问题而设立的中立的、超国家的决策大会。这将需要一个"无懈可击"的制度来保证没有任何国家或国家集团可以利用这一制度强迫作出有利于自身利益而牺牲其他国家或人类利益的决定。换句话说，这个大会需要贯彻平衡的原则。这些原则与恰当的决策过程规则一起可以防止滥用权力。

● 国家之间的冲突（在一些情况下，族群之间的冲突），必须由国际法庭裁定。一个中立的、超国家的执法机构将取代所有国家的所谓的国防力量。

这一目标绝不是要消除民族国家，而只是要对民族国家主权进行合理的限制。在其他国家或人类的重要利益受到无理侵害的方面，应当设定界限。

通过暴力解决的问题永远还是问题。

—— 詹姆斯·乔伊斯

几乎只有优点

自"二战"以来的全球发展已经持续地为我们提供越来越多的手段来证明一个新的、全球性法治秩序的可行性。让我们指出一些明显的优点：

- 处理全球所有问题和风险的措施更快、更有效。
- 处理国家间以及种族间分歧的解决方案更好、更快、更公正。
- 战争或内乱中的大屠杀、伤害和苦难的结束。
- 导致恐怖行为的大多数原因将消失。
- 恐怖分子更难以获得重型武器或大规模杀伤性武器。
- 物权和基本人权将成为现实。
- 美国将不必既是超级大国和世界警察，又成为仇恨的目标和恐怖袭击的对象。
- 政治暴力对物质和文化价值的破坏彻底消失或极大地减少。
- 更有效地打击国际性的、有组织的犯罪活动。
- 节省70%—80%的世界"国防开支"，相当于每年1万亿美元。

全球法治秩序在理论上几乎不存在缺点。非民主国家的那些把自己的个人利益凌驾于自己人民之上的领导人会自然而然被归为失败者。这些人还包括那些为他们国家或自己极力追求特殊政治地位的政客。但这些事项几乎不能被视为缺点。

当我们指出需要一个超国家的决策机构作为解决严重的全球性问题的手段时，有些人说这样的制度将（只）会导致更多的官僚主义和贪污，显然这种反应是正常的。但这种异议并不能有效地驳斥建立一个全球性法治秩序的必要性。我们只需记住官僚主义存在于所有的国家机器中。腐败现象也很常见，但只是程度不同而已。然而，没有人建议所有国家机关都应该废除以消除官僚主义和腐败现象。这些机构提供的服务即使不是必要的也显然是极为重要的。对于大多数国家的公众来说，简言之，法律、警察、法院、医疗和有效运转的基础设施等等是一个法治社会的基础。这些服务的价值要远远大于官僚主义和腐败带来的社会成本。如果一个全球法治秩序建立起来，在新的世界社会中也应是这样。以上列举出的该制度的种种优势应该能够成为这一结论的充分依据。

因此，我们很容易可以看到全球法治秩序的必要性和优势所在。但不幸的是，经验表明要在实践中建立这一秩序非常困难。

导致毁灭的互相怀疑

实践中要实现一个新的全球法治秩序会遇到重重阻碍，例如：

- 对"最高权威"在情感上和意识形态上的阻力。
- 民族主义。
- 国家间相互的或单方面的敌意和猜疑。
- 联合国在功能上的障碍、组织上的缺陷以及缺少足够的威望——尽管通向全球法治秩序的一条自然道路理应通过全面

6. 全球法治——迟早的事

改革联合国实现。

毫无疑问，这些都是需要克服的非常困难的障碍，而且这份困难清单很容易变得更长。但没有哪种障碍是无法克服的，而且没有任何障碍能作为论据反对建立一个全球性的法治秩序。

最困难的真正阻碍大概是目前还没有一个对上面所描述的安全制度的详细建议，没有一个完善的制度来保证一个超国家决策机构的运转。

然而，如果所有这些障碍导致了这一计划被当作一个不切实际的白日梦而被取消，这将是不明智的和极其不幸的。当我们能够充分认识到这个问题时，将会得出不同的结论：

- 人类面临的威胁非常大；
- 发生巨大灾难的概率不容忽视；
- 风险在不断增加；
- 现有的由完全主权国家构成的政治体系既无法解决这些问题，又无法减少这些风险。

唯一合理的结论是我们应该努力转换到一个可以处理这些问题的制度。当然，我们将继续面临阻止制度变革的强力反对和巨大障碍。例如，对于一个更好的制度，现在并没有详细、具体的建议。但难道我们就应该接受现实，不采取行动，只是期望好运，大灾难就不会降临了吗？难道我们不应该尽力打破这些障碍，竭尽所能地推动一个完备制度的建立吗？

在这里，同样重要的是要明白新的体系不需要所有国家都必须是西方意义上的民主国家。这样的要求会使意义重大的谈判从一开始就变得不可能——这个体系可以借助那些在未来几年内将扮演关键角色的国家的帮助，比如中国。如果西方国家不能意识到，所有主要国家都必须参与到全球法治秩序的发展中来，他们便在以一种不可原谅的方式加大了人类面临真正严

世界各国最高领导人必须表现出非凡的政治家才能和妥协的意愿。他们有这个能力吗？
左起：中国国家主席胡锦涛，德国总理安格拉·默克尔，俄罗斯总理弗拉基米尔·普京
（图片：Scanpix和IBL）

他们明白当今挑战的严重性吗?
巴西总统迪尔玛·罗塞夫,美国总统巴拉克·奥巴马和印度总理辛格。

重灾难的风险。相反，首要要求就是所有的国家都应该有能为其国民的长远福利而工作的领导人。

很显然，创造一个全球性的法治制度符合所有国家的利益。正如一个健康的身体器官无法在受到致命疾病侵袭时长久地正常运行一样，一个健康的民族国家无法在一个病态的国际社会中长久地保持健康。

因此，决策者的首要任务是，必须设计一个如上所述的无懈可击的制度来防止超国家的管理机构滥用权力。但是，如果我们无法成功地设计出一种制度来完全消除权力滥用，那该怎么办？那么，我们必须认真分析和评估最契合超国家决策的制度的风险，并将其与保持完全主权的国家状态下的政治制度的风险相比较。如果我们发现新制度的风险明显较小，我们就应该采用新制度。否则，旧制度必将延续下去，而全球法治秩序的愿景将只会是一个愿景。

总之，我们可以说，民族主义长期以来发挥了其应有的作用，而现在该是谢幕的时候了。群体成员之间的团结（相互考虑对方的利益）首先从家庭延伸到部落。在后来的历史时期，（团结）从部落又延伸到地区，然后到国家。这些发展变化不是无痛的，而是生存所必需的。现在，出于同样的原因，人类必须迈出最后一步，即全球的团结（相互考虑彼此利益），但如今，这并不意味着只为家庭和部落的生存，而是关乎国家——实际上是——整个人类自身的生存。

> 民族主义使你坚信你的国家因为你出生在这里而优于其他所有国家。
>
> ——乔治·伯纳德·肖

7. 结束语

> 一个政客考虑的是下一届选举,一个政治领导人考虑的是下一代人。
>
> ——詹姆士·克拉克

一些人会认为这本书所描述的世界图景过于悲观,但我坚持认为它们是符合现实的。

我并不否认,靠着某些运气和能耐我们能够解决这些问题,并相对毫发无损地避开那些威胁,或许根本就不需要作出非凡的牺牲。研究学者们很快能开发出生物技术解决方案,以可接受的成本和无害生态环境的方法来保证人类的食物供给,这不是不可能的——即使世界人口在未来两代内攀升到100亿或更多。同样,科学家也可能会很快成功研发廉价高效的太阳能技术以解决全球能源问题,而不会产生破坏环境的温室气体。而且,很自然的,也不能排除我们人类拥有足够的运气,失控的全球变暖并不会出现,大规模杀伤性武器也不会被使用。

万事皆有可能。但在我们的现状下,将所有的信任付诸于高度不确定的不测事件和好运气,是明智的吗?

对所有在风险投资行业工作并想要生存的人而言,最主要的规则一直都是：（自愿地）下的赌注永远都不要超过其输得起的范围。此规则同样适用于纯粹的赌博业、商业和政治领域。今天，处在危险区的却是全人类的未来。

在本书的前言中，金融危机被认为是始于美国的、由信贷融资支持的大规模消费，这种消费建立在过度乐观的预期的基础上。"熊未打死先卖皮"一直都意味着冒险。我们已经正在以前所未有的规模重复同样的错误。

我们允许世界人口快速增加，却不知道如何供养这些人口。

我们根本没有试着去改革完全主权国家这种系统，尽管越来越多的主权国家拥有大规模杀伤性武器。

我们任凭大气中二氧化碳的含量没有必要地增加，尽管人类最基本的生存条件都会因此破坏。

我们寄希望于好运气和新技术能够解决这些问题，或许还寄希望于世界的政治家突然优先考虑全人类的长远利益，而不是自身国家的短期利益。

换句话说，我们人类今天鲁莽地违背了上述提到的风险原则，玩起了赌博，投下了一个我们绝对输不起的赌注。

当今世界最需要的是次主权国家中的主权政治家。

7. 结束语

在我们目前的状况下,信任高度不确定的偶发事件和好运气怎能是明智之举?(图片:Scanpix)

2000多年来人口的发展

可持续发展的约束条件是什么？地球上的人口自工业化以来增加了8.5倍，从8亿增加到68亿。联合国预测大约在2050年人口数量会增加到90亿—100亿。

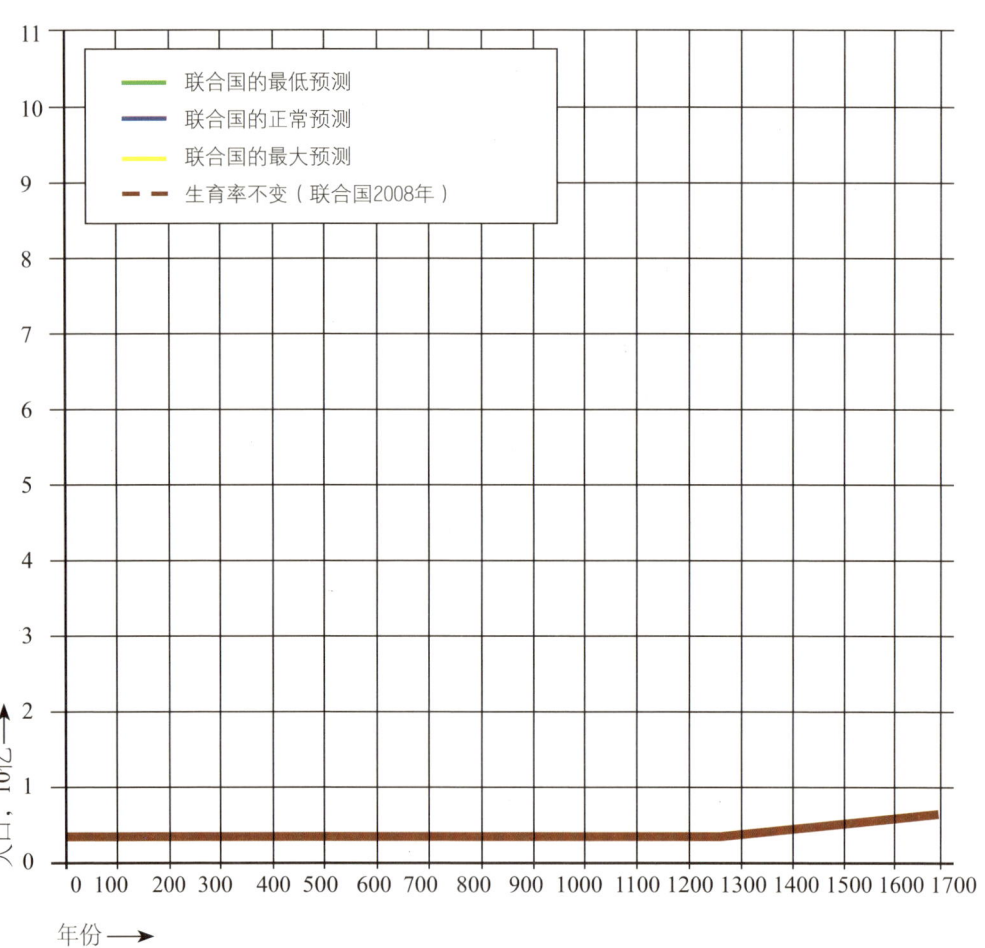

7. 结束语

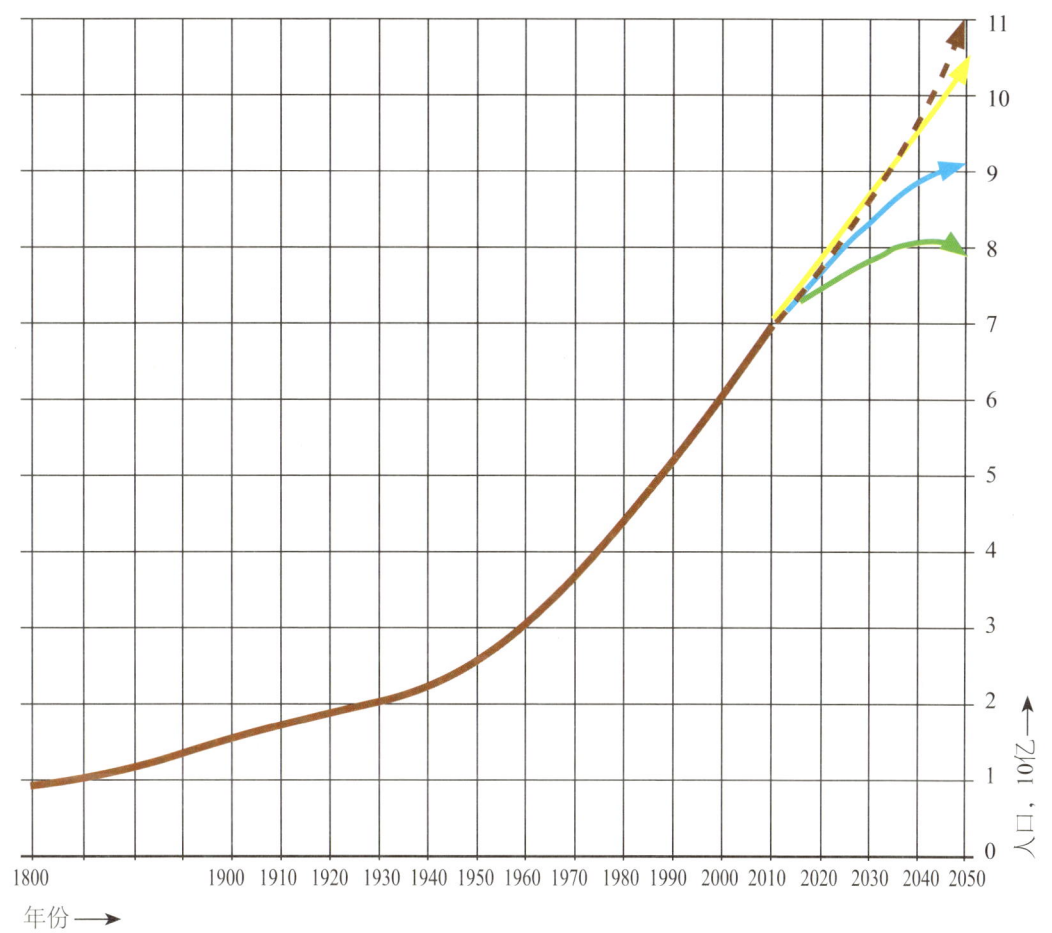

几乎70%的世界人口集中在11个国家和欧盟

国家/地区	居民数 2009年 百万	人均GNP 2009年 美元	自然人口增长率 2006年 %	平均寿命 女性 2007年	平均寿命 男性 2007年	文化水平 2006年 %*	CO_2排放 2007年 百万吨	CO_2排放 2007年 吨/每人
中国	1346	3565	0.5	74	71	91	6083	4.6
印度	1198	1032	1.6	67	63	61	1370	1.2
美国	315	46442	0.6	81	75	98	5854	18.9
印度尼西亚	230	2223	1.3	70	67	91	389	1.7
巴西	194	7737	1.4	76	68	89	350	1.8
巴基斯坦	181	1016	1.9	65	64	50	140	0.8
孟加拉国	162	559	1.8	66	64		42	0.3
尼日利亚	155	1089	2.4	44	44		54	0.4
俄罗斯	141	8873	−0.4	72	59	100	1579	11.1
日本	127	39573	−0.1	86	79	100	1235	9.6
墨西哥	110	8040	1.3	79	74	91	451	4.2
小计	4159（世界人口的61%）						17547	
欧盟(27国)	496	32527	0.1	82	76	100	3971	8.1
总计	4655（世界人口的68%）						21518	

资料来源：瑞典国际事务研究机构，2009年8月，以及国际能源署的CO_2排放值。

* 文化水平指的是能够阅读的能力。

注：本表中，居民数和人均GNP是2009年数据，比下表中的195个主权国家和地区2008年的数据晚一年。CO_2排放数据是2007年的，比下图2005年的数据晚两年（吨为公吨）。

评论

由上图可看出，目前11个国家的人口分别超过了1亿。在这些人口最多的国家居住着61%的世界人口。如果这个组合增加到14个国家（每个国家有大约5000万到1亿的人口），将构成世界人口的75%。增加另外58个国家，每个国家有大约1000万到5000万人口，将增加20个百分点。也就是说95%的世界人口，即65亿人居住在83个国家。另外的68个国家每个有大约100万到1000万人口，占不到5%的世界人口。剩余的最小的44个国家，每个只有不到100万人口，只构成了人口的0.2%。

联合国的成员在2009年底是192个国家。此外，还有三个国家和地区由于各种原因不是联合国成员。在106、105、110页的表格上，我们包括了这三个国家和地区可获得的数据，即科索沃、梵蒂冈和中国台湾，以示完整性。

7. 结束语

世界上195个（主权）国家和地区的简短事实

国家/地区	居民数	人均GNP美元	每年人口增加率%*	寿命 女性	寿命 男性	文化水平%**	人均CO_2吨/年***
阿尔巴尼亚	3200000	4250	0.7	77	72	99	1.1
阿尔及利亚	34400000	4920	1.6	74	71	70	4.2
阿富汗	28200000	460		48	47	28	0.02
阿根廷	39900000	8520	1.0	79	72	97	3.9
阿拉伯叙利亚	20400000	2240	2.5	76	72	80	3.6
阿联酋	4500000	56670	1.5	82	77		30.1
阿曼	2700000	21700	2.2	77	74	81	12.5
阿塞拜疆	8500000	6140	1.1	71	64	99	4.4
埃及	76800000	2110	2.0	73	69	71	2.4
埃塞俄比亚	85200000	320	2.6		49	48	0.1
爱尔兰	4400000	64660	0.9	81	76	100	10.2
爱沙尼亚	1300000	18800	-0.2	78	67	100	13.5
安道尔	66000	38800		85	81	100	
安哥拉	17500000	5700		43	40	69	0.6
安提瓜和巴布达	85600	13390	1.1	77	73		
奥地利	8400000	52160	0.1	82	77	100	8.9
澳大利亚	21000000	50150	0.6	83	78	100	18.1
巴巴多斯	295000	13700				100	
巴布亚新几内亚	6500000	1030	1.9	58	56	57	0.7
巴哈马	335000	20590					
巴基斯坦	167000000	1000	1.9	65	64	50	0.9
巴拉圭	6200000	2660	2.3	74	70		0.7
巴林	766000	25245					
巴拿马	3400000	6880	1.7	78	73	92	1.8
巴西	194200000	8680	1.4	76	68	89	1.7

国家/地区	居民数	人均GNP美元	每年人口增加率%*	寿命 女性	寿命 男性	文化水平%**	人均CO_2吨/年***
白俄罗斯	9600000	6060	-0.6	74	63	100	6.5
保加利亚	7600000	6850	-0.6	76	70	99	5.7
贝宁	9300000	860	3.0	56	55	36	0.3
比利时	10500000	49430	0.1	83	76	100	9.8
冰岛	303000	60120	0.8	82	77	100	
波兰	38000000	14890	-0.1	79	71		7.9
波斯尼亚和黑塞哥维那	3900000	4850	0.0	77	72	97	6.9
玻利维亚	9700000	1890	2.1	68	63	87	1.0
伯利兹	294000	4320					
博茨瓦纳	1900000	8930	1.1	32	34	81	2.5
不丹	700000	2090		66	64		
布基纳法索	15200000	590	3.1	50	48	22	0.1
布隆迪	8900000	113	2.9	46	44	60	0.03
朝鲜	23900000		0.5	67	61		3.5
赤道几内亚	520000	16260					
丹麦	5500000	67390	0.2	80	76	100	8.5
德国	82500000	46500	-0.2	82	76	100	9.5
东帝汶	1200000	460		59	56		0.2
东加	102100	2510	1.7	73	68	100	
多哥	6800000	455	2.8	57	54	54	0.2
多米尼克	75000	5090	0.8	76	72	96	
多米尼加共和国	9900000	5130	1.8	72	65	87	2.0
俄罗斯	141800000	12580	-0.4	72	59	100	10.5
厄瓜多尔	13500000	3930	1.7	78	72	91	2.2
厄立特里亚	5000000	295	3.0	58	54		0.2
法国	61900000	48010	0.4	83	77	100	6.2

7. 结束语

国家/地区	居民数	人均GNP美元	每年人口增加率%*	寿命 女性	寿命 男性	文化水平%**	人均CO_2吨/年***
梵蒂冈	1000					100	
菲律宾	89700000	1910	1.9	74	69	93	0.9
斐济	844000	4315					
芬兰	5300000	54577	0.2	82	76	100	10.1
佛得角	542000	3665					
冈比亚	1800000	480	2.3	59	56		0.2
刚果共和国	3800000	3660	3.2	55	52		0.6
刚果民主共和国	64700000	210	3.2	46	44	68	0.03
哥伦比亚	46700000	5175	1.5	76	70	93	1.4
哥斯达黎加	4500000	6730	1.3	81	76	95	1.7
格林纳达	105000	6180				96	
格林纳丁斯	110000	5580					
格鲁吉亚	4400000	3060		75	67		1.1
古巴	11300000		0.3	80	77	100	2.2
圭亚那	736000	1485					
哈萨克斯坦	15500000	9075	0.8	70	59	100	11.9
海地	9800000	790	2.1	54	53		0.2
韩国	48400000	19640	0.4	82	74		9.4
荷兰	16500000	54445	0.4	82	76	100	7.7
黑塞哥维那	3900000	4850	0.0	77	72	97	6.9
黑山	600000	4150		74	74	97	
洪都拉斯	7200000	1800	2.2	71	67	80	1.1
基里巴斯	100000	710					
吉布提	848000	1240					
吉尔吉斯斯坦	5400000	950	1.4	72	64	99	1.1
几内亚	9600000	430	2.9	55	54	31	0.2

105

国家/地区	居民数	人均GNP美元	每年人口增加率%*	寿命 女性	寿命 男性	文化水平%**	人均CO_2吨/年***
几内亚比绍共和国	1700000	260	3.1	47	44		0.2
加拿大	33200000	47070	0.4	83	78	100	16.6
加纳	23900000	790	2.2	58	57	58	0.3
加蓬	1400000	10940	1.8	54	53		1.2
柬埔寨	14700000	740	2.1	61	54	75	0.04
捷克共和国	10200000	21040	0.0	79	73	100	11.7
津巴布韦	13500000	1380	1.1	36	38		0.9
喀麦隆	18900000	1290	1.9	47	46	69	0.2
卡塔尔	856000	106460					
科摩罗	860000	855					
科索沃	2130000	1800				94	
科特迪瓦	19600000	1250	2.0	47	46	50	0.5
科威特	2900000	46400	1.7	80	76	93	36.9
克罗地亚	4600000	14415	-0.2	79	72	98	5.2
肯尼亚	38600000	890	2.7	49	51	74	0.3
拉脱维亚	2300000	14930	-0.6	78	67	100	2.8
莱索托	2000000	675	0.9	34	34	82	
老挝	6000000	830	2.7	58	55	69	0.3
黎巴嫩	4100000	7375	1.1	75	71		4.2
立陶宛	3400000	14460	-0.4	79	68	100	4.1
利比里亚	3900000	235	3.1	43	42		0.1
利比亚	6300000	17470	1.9	77	72		9.5
列支敦士登	34000					100	
卢森堡	472000	118045				100	
卢旺达	10000000	420	2.4	46	43	66	0.1
罗马尼亚	21300000	9950	-0.2	76	69	97	4.1

国家/地区	居民数	人均GNP 美元	每年人口增加率%*	寿命 女性	寿命 男性	文化水平%**	人均CO_2 吨/年***
马达加斯加	20200000	480	2.8	57	55	71	0.2
马尔代夫	311000	3760					
马耳他	408000	20745					
马拉维	14300000	230	2.8	40	41	65	0.1
马来西亚	27000000	7870	1.7	76	72	89	9.3
马里	12700000	655	3.4	50	48	20	0.05
马其顿	2000000	4685	0.2	77	72	96	5.1
马绍尔群岛	81000						
毛里求斯	1300000	6390	0.7	76	70	85	2.7
毛里塔利亚	3200000	1195	3.2	56	53	52	0.6
美国	308800000	47025	0.6	81	75	98	19.5
蒙古	2700000	1880	1.2	68	64	98	3.4
孟加拉	161300000	510	1.8	66	64		0.3
秘鲁	28200000	4600	1.6	74	69	88	1.4
密克罗尼西亚联邦	540000	2300					
缅甸	49200000	230	0.9	65	59	90	0.2
摩尔多瓦	3800000	1830		73	66	99	2.1
摩洛哥	31600000	2900	1.7	73	69	53	1.6
摩纳哥公国	33000	30000					
莫桑比克	21800000	470	1.9	42	42		0.1
墨西哥	107800000	10750	1.3	79	74	91	4.1
纳米比亚	2100000	3800	0.9	45	46	85	1.3
南非	48800000	6170	0.3	44	44	83	8.7
瑙鲁		13800					
尼泊尔	28800000	460	2.1	64	63	49	0.1
尼加拉瓜	5700000	1060	2.3	73	69	77	0.2

国家/地区	居民数	人均GNP美元	每年人口增加率%*	寿命 女性	寿命 男性	文化水平%**	人均CO_2吨/年***
尼日尔	14700000	385	3.9	45	45	29	0.1
尼日利亚	151500000	1490	2.4	44	44		0.8
挪威	4700000	102525	0.3	83	78	100	11.4
帕劳	20800	8400	0.7	75	68		
葡萄牙	10700000	24030	0.1	81	75		5.9
日本	127900000	37940	-0.1	86	79	100	9.6
瑞典	9200000	55620	0.0	83	79	100	5.4
瑞士	7500000	67380	0.2	84	78	100	5.5
萨尔瓦多	7000000	3070	1.8	75	69	82	1.0
萨摩亚	189000	2800	2.2	75	69	100	
塞尔维亚	9900000	7060	-0.3	73	73	97	6.5
塞拉利昂	6000000	335	2.4	43	40	36	0.2
塞内加尔	12700000	1110	2.7	58	56	40	0.4
塞浦路斯	864000	32195					
塞舌尔	85000	9440					
沙特阿拉伯	25300000	21220	2.3	75	71	78	16.5
圣多美和普林西比	160000	1000					
圣基茨和尼维斯联盟	5000	10560	0,9				
圣卢西亚	160000	6064					
圣马力诺	30000	40000				99	
圣文森特和格林纳丁斯	110000	5580					
斯里兰卡	19400000	2100	1.2	78	72	91	0.6
斯洛伐克	5400000	18585	0.0	79	71	100	6.8
斯洛文尼亚	2000000	28330	0.0	81	74		7.4

7. 结束语

国家/地区	居民数	人均GNP 美元	每年人口增加率%*	寿命 女性	寿命 男性	文化水平%**	人均CO_2 吨/年***
斯威士兰	1100000	2900	1.2	29	31	80	0.8
苏丹	39400000	1630	2.2	58	56	62	0.3
苏里南	461000	5600					
所罗门群岛	507000	880					
索马里	9000000		2.7	50	47		0.1
塔吉克斯坦	6800000	740	2.2	67	62	100	0.8
泰国	64300000	4100	0.8	75	68	93	4.3
坦桑尼亚	41500000	520	2.3	47	46	70	0.1
特立尼达和多巴哥共和国	1300000	18865	0,6	73	68	98	24,7
突尼斯	10400000	4030	1.1	76	72	74	2.2
图瓦卢	12200						
土耳其	75800000	11465	1.3	72	67	88	3.4
土库曼斯坦	5000000	4180	1.4	67	59	99	8.6
瓦努阿图	232000	2385					
危地马拉	13700000	2660	2.8	72	68	69	0.9
委内瑞拉	28100000	11830	1.7	77	71	93	5.6
文莱	398000	43750					
乌干达	31900000	470	3.7	52	51	68	0.1
乌克兰	45900000	4320	-0.7	73	61	100	6.9
乌拉圭	3400000	8860	0.6	80	73		1.7
乌兹别克斯坦	27800000	980	1.4	70	64		4.3
西班牙	44600000	36970	0.2	84	77	100	7.9
希腊	11200000	33430	0.0	81	76	96	8.6
新加坡	4500000	41290	0.6	81	78	93	13.2
新西兰	4300000	31700	0.7	82	78	100	7.2
匈牙利	10000000	16340	-0.3	78	70		5.6

国家/地区	居民数	人均GNP美元	每年人口增加率%*	寿命 女性	寿命 男性	文化水平%**	人均CO_2吨/年***
牙买加	2700000	4990	1.0	73	69	80	3.8
亚美尼亚	3000000	3400	0.3	75	68	100	1.4
也门	23100000	1200	3.2	64	61		1.0
伊拉克	29500000			62	59	74	
伊朗	72200000	5250	1.0	73	70	77	6.5
以色列	7000000	26535	1.5	83	78	97	9.2
意大利	58900000	40450	0.1	84	77	99	7.7
印度	1186200000	1040	1.6	67	63	61	1.3
印度尼西亚	234300000	2180	1.3	70	67	91	1.9
英国	61000000	45680	0.2	81	77	100	9.1
约旦	6100000	3270	2.4	74	71	90	3.8
越南	88500000	1050	1.3	74	70	91	1.2
赞比亚	12200000	1220	2.1	38	39	68	0.2
乍得	11100000	935	3.3	45	43	27	0.01
智利	16800000	10810	1.1	82	76	96	4.1
中非共和国	4400000	480	1.9	40	39	49	0.1
中国	1336300000	3180	0.5	74	71	91	4.3
中国台湾	23000000	18310					

资料来源：瑞典国际事务研究机构，2009年8月数据。

* 代表人口的自然增长率，不包括迁入和迁出。

** 文化水平指的是能够阅读的能力。

*** 最后一纵列的数据代表2005年的人均CO_2排放，吨为公吨。

图书在版编目（CIP）数据

人类风险与全球治理：我们时代面临的最大挑战
可能的解决方案 /（瑞典）松鲍法维著；周亚敏译.
— 北京：中央编译出版社，2012.10
ISBN 978-7-5117-1444-2

Ⅰ.①人…
Ⅱ.①松… ②周…
Ⅲ.①法治–研究
Ⅳ.①D902

中国版本图书馆 CIP 数据核字(2012)第 159986 号

人类风险与全球治理：我们时代面临的最大挑战可能的解决方案

出 版 人	刘明清
出版统筹	谭　洁
责任编辑	贾宇琰
责任印制	尹　珺
出版发行	中央编译出版社
地　　址	北京西城区车公庄大街乙 5 号鸿儒大厦 B 座（100044）
电　　话	（010）52612345（总编室）　（010）52612375（编辑室） （010）66161011（团购部）　（010）52612332（网络销售） （010）66130345（发行部）　（010）66509618（读者服务部）
网　　址	www.cctphome.com
经　　销	全国新华书店
印　　刷	北京国邦印刷有限责任公司
开　　本	787 毫米 × 960 毫米　1/16
字　　数	81 千字
印　　张	7.25
版　　次	2012 年 10 月第 1 版第 1 次印刷
定　　价	35.00 元

本社常年法律顾问：北京市吴栾赵阎律师事务所律师　闫军　梁勤
凡有印装质量问题，本社负责调换，电话：（010）66509618